Brunhilde Schütt
Anleiten im Praktikum

W0179229

Inhalt

Vorwort

Anleitung ist die aktive Beteiligung der sozialpädagogischen Praxis an der Ausbildung von sozialpädagogischen Fachkräften. Anleitung wird von der Praxis als Notwendigkeit anerkannt, ja gefordert, nicht nur von den Ausbildungsstätten. Zugleich aber wird sie in ihrem Anspruch gefürchtet.

Die Furcht kann dieses Buch nicht nehmen, doch kann es die Ansprüche gliedern und bekannt machen. Quasi die Türe öffnen und dazu einladen, in den Raum Anleitung einzutreten, ihn auf sich wirken zu lassen und ihn sich genau zu betrachten.

Dabei kann man entdecken, daß man sich nicht alleine in dem Raum aufhält. Da sind noch die Praktikantin, der Praktikant und die Praxisbetreuer als Vertreter der Ausbildungsstätten. In diesem Raum ist so klar wie möglich getrennt, wer welchen Teil im Praktikum zu vertreten hat. Das betrifft nicht die Anleiterin, den Anleiter alleine. Dies wahrzunehmen kann entlasten.

Mir ging es selbst so. Ich erfuhr Entlastung durch jahrelange vertrauensvolle und intensive Zusammenarbeit mit Ausbildungsstätten. Wir setzten uns auseinander und zusammen in dem gemeinsamen Anliegen, auf das wir uns verpflichtet hatten, Menschen auf einen Beruf vorzubereiten, der ein hohes Maß an fachlicher und persönlicher Kompetenz erfordert. Sie werden darauf vorbereitet, Kinder und Jugendliche in ihrer Entwicklung zu schützen, zu unterstützen und zu begleiten, aber auch darauf, Menschen in Not, bei Versagen, in Hilflosigkeit respektvoll zur Seite zu stehen.

Bei einem Lehrgang für „Anleiterinnen und Anleiter" machte ich eine sehr wichtige Erfahrung. Dem Veranstalter lag daran, für dieses Seminar sowohl eine Referentin aus der

Praxis als auch eine aus der Theorievermittlung zu gewinnen.

Die Referentin, Dozentin aus einer Ausbildungsstätte,
kannte ich seit vielen Jahren der guten Zusammenarbeit zwischen ihrer Ausbildungsstätte für Sozialpädagogik und der
Einrichtung, in der ich arbeitete; ich war die Referentin aus
der Praxis. Wir waren neugierig und freuten uns auf dieses
Experiment, als das wir es empfanden. Wir hatten uns vorgenommen, mit Methoden der Erwachsenenbildung prozeßbegleitend und mit kreativen Mitteln zu arbeiten. Die Se-
minarteilnehmerinnen und -teilnehmer wollten wir miterleben lassen, wie Zusammenarbeit zwischen „Schule und Praxis" möglich ist. Weil wir beide uns verstanden und wir uns
fachlich akzeptierten, glaubten wir, jede könne die Anliegen
der anderen ebenso vertreten, wie sie selbst.

Das war ein Trugschluß. Wir verwischten Grenzen und
verwirrten die Teilnehmerinnen und Teilnehmer. Am Abend
in unserer Tagesreflexion suchten wir verzweifelt einen Ausweg. Nachdem jede sich für eine Stunde zurückzog und wir
noch einmal neu ansetzten, löste sich der Knoten. Wir haben
erkannt, was wir getan hatten. Wir hatten versäumt, der Se-
minargruppe ganz eindeutig unsere Rollenverträge mitzuteilen. Sie: Vertreterin der theoretischen Vermittlung mittels ihrer Methoden, und ich: Vertreterin der Praxisvermittlung
mittels meiner Methoden. Das holten wir am nächsten Mor-
gen nach und hielten uns zu aller Erleichterung im weiteren
Verlauf des Seminars daran. Wir anerkannten gegenseitig unseren Ausbildungsschwerpunkt und kamen so in die Lage,
uns gegenseitig verstehend locker zu ergänzen.

Der Erfahrungswert lag in folgendem: In den Ausbildungsstätten wird Wissen vermittelt, Theorie, die auf sozialpädagogische Praxis zielt. In den Praxisstellen wird Praxis
vermittelt, Handeln, dem die erworbene Theorie zugrunde
liegt. Daraus kann viel abgeleitet und, wie ich meine, verstanden werden. Was Not tut, ist, sich gegenseitig den Ver-
antwortungsschwerpunkt in der Ausbildung zuzugestehen
und seinen Ausbildungspart nicht weniger und nicht mehr
wichtig zu nehmen als den des anderen.

Im übrigen hat diese Kollegin mein Manuskript unter
dem Blickwinkel von Ausbildungsstätten anteilnehmend

und kritisch mit mir durchgesprochen. Dafür danke ich ihr an dieser Stelle noch einmal besonders.

Meine Tochter Dorothea Schütt Schlatter schrieb den Text in den Computer. Sie stützte meine Motivation, indem sie mit mir verständnisvoll und ruhig die Korrekturen bedachte und einfügte. Ein Freundschaftsdienst, für den ich ihr von Herzen dankbar bin.

Der Einfachheit halber und weil in sozialpädagogischen Berufen bis jetzt mehrheitlich Frauen arbeiten, verwende ich die weibliche Form, spreche von Praktikantinnen, Anleiterinnen und Praxisbetreuerinnen[1]. Selbstverständlich sind Praktikanten, Anleiter und Praxisbetreuer ebenso einbezogen.

Augsburg, Dezember 1993

---

[1] Dozentinnen, die im Unterricht lehren, nehmen während des Praktikums die Funktion der Praxisbetreuerin ein. So werde ich die Vertreterinnen der Ausbildungsstätten immer Praxisbetreuerinnen nennen.

Einführung

Praktika sind Teil der Ausbildung zur Erzieherin, zur Dipl.-Sozialpädagogin FH und anderen pädagogischen und helfenden Berufen. Sie unterscheiden sich durch den Zeitpunkt während der Ausbildung, die Dauer, durch Inhalte und Ziele.

In der Regel ist dies von Ausbildungsstätten vorgegeben, also: wann, wie lange, womit, wohin. Für das Wie der Anleitung gibt es viele Wunschprogramme und wenig Ausbildung. Deshalb bleibt es bislang keiner Praxisstelle erspart, ebenso den anleitenden Fachkräften, sich für ihre Art und Weise von Anleitung zu entscheiden.

Der rote Faden in dieser Arbeit wird ein Vorgehen sein, aufgrund dessen jahrelang viele Praktikantinnen und Praktikanten in einem heilpädagogisch orientierten Kinder- und Jugendheim angeleitet wurden. Gemeinsam mit Kolleginnen und Kollegen habe ich dieses Vorgehen mit guten Erfahrungen umgesetzt und ausgefeilt. Uns wurde bestätigt, daß es übertragbar ist auf andere, nicht nur pädagogische Arbeitsfelder. Das wird sichtbar, wenn ich mich später auf Anleitung im Kindergarten konzentriere. Grundsätzliches im Geschehen zwischen Anleiterin und Angeleiteter dürfte sich in den meisten Bereichen entsprechen.

Was hat eine Anleiterin vorzuweisen? Hat sie Anleitung gelernt?

Auf die zweite Frage werden die meisten unter den sozialpädagogischen Fachleuten spontan mit sicherem „Nein" antworten. Ich war und bin auch überzeugt, Anleitung nicht gelernt zu haben. Nicht explizit.

In meiner Berufsausbildung habe ich zunächst viel über die Entwicklung und das Verhalten von Kindern und Jugendlichen erfahren. Mir wurde Material an die Hand gegeben, wie ich diese in ihrem jeweiligen Entwicklungsstadium unterstützen, fördern und begleiten kann. Uns wurde gelehrt, Kindheit ernst zu nehmen als Fundament für die spätere Lebensbewältigung. Das sprach mich sehr an.

In der Praxis wurde mir immer wichtiger, erst zu sehen, zu hören, wahrzunehmen, was ein Kind in sich trägt, was es kann, um danach zu klären, was es jetzt an Anregung, Hilfestellung, Aufmunterung, Grenzziehung, Nähe und Distanz braucht.

Später, als mich die berufliche Weiterbildung und Praxis in den Umgang mit Hilfebedürftigen jeglicher Art führte, mit Menschen jeden Alters, die Schwierigkeiten machten, weil sie Schwierigkeiten hatten, kam ich auf meine ursprüngliche Haltung zurück. Nicht nur Kinder und Jugendliche wollten abgeholt werden, wo sie gerade stehen, sondern auch die Erwachsenen, denen ich beruflich zugeordnet war und bin. Zu sehen, was jemand schon oder noch alleine bewältigen kann, war Voraussetzung, um zu hören und zu entscheiden, worin Hilfe durch mich besteht.

Damit ich diese menschlichen, innerpsychischen und sozialen Vorgänge begreife, Zusammenhänge aufhellen kann, habe ich mir viel Wissen angeeignet. Manchmal, wenn ich scheinbar locker und intuitiv in beruflichen Situationen handle und argumentiere, bin ich in Gefahr, mir vorzumachen, ich sei ein Naturtalent. In der Reflexion dann wird mir bewußt, daß ich sehr wohl meinen theoretischen Hintergrund bemühte, um in der Praxis sicher aufzutreten. Die Bedeutung von Wissen bezüglich meines jeweiligen fachlichen Handelns und dessen Einfluß auf meine berufliche Haltung sind erheblich und unverzichtbar. Sicher brachte ich Begabungen mit und aus meiner eigenen Lebensgeschichte Motivation für einen sozialpädagogischen Beruf. Doch galt und gilt es immer noch, Vorhandenes mit dem Erworbenen abzustimmen.

Erworbenes Wissen, Gelerntes:
Das besitze ich.

Vorhandene Anlagen, Intuition, auch durch integriertes Wissen:
Das bin ich.

Ziel sind die Menschen, die mich, mein berufliches Können brauchen.

Es gibt kein sozialpädagogisches Handeln ohne Kenntnis und Berücksichtigung der äußeren Bedingungen, seien sie verwaltungstechnischer, organisatorischer, arbeitsrechtlicher, gesellschaftlicher, zeitlicher oder räumlicher Art. Weiß ich darüber Bescheid, kann ich vorhandene Möglichkeiten ausschöpfen und mich dann für die eventuell nötigen Grenzerweiterungen einsetzen?

Dies alles gilt auch für Anleitung!

Bevor ich mir die obenstehenden Gedanken gemacht hatte, schloß ich unter meinem Lernen in der Berufsausbildung Anleitung aus. Jetzt komme ich zu dem Schluß, daß ich, wenn auch nicht gezielt, doch Grundlagen für Anleitung gelehrt bekommen und die Haltung dazu erworben habe. Es macht nämlich m.E. keinen Unterschied, ob es Hilfebedürftige oder Lernende sind, denen meine Aufmerksamkeit, meine Bereitschaft zu helfen, mein Respekt vor ihrer Einmaligkeit, meine Professionalität gelten.

Allerdings, und das kommt für Anleitung erschwerend hinzu, hat die pädagogische Fachkraft in erster Linie die Aufgabe, sich um die Zielgruppe Kinder, Jugendliche, Kranke, Alte usw. und erst in zweiter Linie um den professionellen Nachwuchs zu bemühen. Das bedeutet auch, daß sie bei aller Öffnung für Lernende ihre Zielgruppe davor schützen muß, „Versuchskaninchen" zu werden.

Praktikantinnen empfinden anfänglich, wie die Zielgruppe auch, Abhängigkeit. Sie sind auf eine Fachkraft angewiesen, die sieht, die hört, die wahrnimmt, wo sie stehen. Sie brauchen eine reflektierende Fachkraft, die ihnen berufliches Vorbild und Wegbegleiter ist. Eine, die vorhandene Möglichkeiten kennt und ausschöpft. Nicht die „perfekte" Berufskollegin ist gefragt, die Fehler als Schwäche oder Versagen auslegt, oder diejenige, die schonend enttäuschende Erfahrungen verhindert, sondern die ist gefragt, die den Lernstand und die Befindlichkeit der Praktikantin wahrnimmt und anerkennt; die Erfahrungen zuläßt – wenn sie nicht der Zielgruppe schaden –, stärkt und befähigt, eigene fachliche Schritte zu tun und Fehler als Lernchancen einzubeziehen.

Allgemeingültiges
für Anleitung im Praktikum

---

1. Die Ambivalenz gegenüber Anleitung

Einerseits Wunsch und Lernfaktor,
andererseits Frust und Zeitfaktor

1.1. Von seiten der sozialpädagogischen Fachkräfte

Praktikantinnen anzuleiten ist wünschenswert. Sie regen an, sie bringen frischen Wind herein. Ich bin gefordert, meine eigene Arbeit bewußter zu tun und darüber zu sprechen. Ich kann Beschäftigungen mit einzelnen und Kleingruppen, zu denen ich einfach nicht komme, der Praktikantin übertragen. Außerdem erfahre ich, was zur Zeit in der theoretischen Ausbildung gelehrt wird. Es tut mir gut, wieder mehr in eine geistige Auseinandersetzung zu kommen – und einiges mehr.

„O weh, auch noch Praktikantinnen anleiten." Sie stellen mich in Frage, sie bewerten meine Arbeit mit neuen theoretischen Maßstäben. Ich ärgere mich darüber, daß sie Zeit bekommen für Beschäftigungen, die ich längst mit den Kindern vorhatte. Meine Zeit wird oft von anderen Aufgaben aufgefressen. Mir gefällt auch nicht, daß Praktikantinnen häufig wegen Seminartagen fehlen, die die Ausbildungsstätte ansetzt. Ich werde durch Praktikantinnen unsicher und soll sie auch noch anleiten, mich ihren Fragen stellen. Ich frage mich auch, woher ich die Zeit für Anleitung nehmen soll.

In der Zusammenarbeit mit den Ausbildungsstätten komme ich mir selbst oft wie eine Schülerin vor. Anleitung habe ich nicht gelernt und Hilfen erhalte ich keine.

1.2. Von seiten der Praxisbetreuerinnen

Praxisbetreuerinnen hörte ich sagen, sie behielten durch ihre Besuche gerne Kontakt zur Praxis. Für sie seien diese Orientierung, inwieweit sie noch lehren, was in der Praxis gefordert ist, und um zu erfahren, was sich verändert hat. Sie könnten schriftliche Arbeiten von Studierenden ganz anders verstehen, nachdem sie diese in ihrer Praxissituation agieren sahen. Das gäbe ihnen auch mehr Sicherheit in der Beurteilung. Der Austausch mit den Fachkräften vor Ort sei für sie wichtig. Er bringe ihnen neue Informationen und Sichtweisen aus der Praxis und rege sie an, Theorie noch praxisnäher zu vermitteln.

Ich hörte Praxisbetreuerinnen auch stöhnend und klagend. Viel Zeit gehe mit den Besuchen drauf, die sie nicht mehr hereinholen könnten. Wenn es sich dann gelohnt hätte, vor allem in Konfliktfällen, wäre es nicht so schlimm, aber… Ärgerlich sei, wenn Leiterinnen von ihren Besuchen nicht unterrichtet seien und sie so als Störenfriede gälten. Besonders problematisch seien Situationen, in denen keine Anleitung stattfinde und sie möglicherweise die Auflösung des Praxisvertrages verlangen müßten. In diesem Zusammenhang werde auch besonders häufig beobachtet, daß Praktikantinnen nicht ihrem Ausbildungsstand entsprechend eingesetzt würden.

1.3. Von seiten der Praktikantinnen

„Endlich raus aus der Schule." Ich entsinne mich, wie es mir damals erging, und meine Erfahrungen werden mir von Praktikantinnen heute bestätigt. Ich freute mich darauf, mit Kindern zu spielen, zu sprechen, zu wandern, überhaupt mit ihnen zusammen zu sein und Einfluß zu haben. Der Schritt aus der Schule bedeutete für mich, aus der Schülerinnen/Kind-Position in die Erzieherinnen/Erwachsenen-Position zu wechseln. Ich erwartete, nicht mehr nur Wissen aufnehmen und reproduzieren zu müssen, sondern selbst bestimmen zu dürfen. An Anleitung und Zusammenarbeit habe ich weniger gedacht.

Der Praxisschock blieb nicht aus. Die Kinder und Jugendlichen probierten und trieksten mich aus. Davon haben mir auch Praktikantinnen berichtet. Heute wird die Freude auf die Praxis zudem noch gedämpft durch die oft überfordernd erlebten Aufgaben der Ausbildungsstätte. Schriftliche Arbeiten sind zu liefern, Ausarbeitungen von Beschäftigungen und dazu unerwartete Ansprüche der Praxisstelle zu erfüllen. Habe ich mir Praxis so vorgestellt?

1.4. Von seiten der Zielgruppe (Kinder und Jugendliche)

Wie schön ist es doch für Kinder und Jugendliche, jemanden in Anspruch nehmen zu können, der nicht gleich kontert: „Ich habe keine Zeit." Sie dürfen Praktikantinnen gewinnen für ihre Wünsche. Diese scheinen manchmal direkt dankbar zu sein, wenn die Kinder sie ansprechen und etwas von ihnen wollen. Zeit und Zuwendung sind hier die ausschlaggebenden Vorteile für die Zielgruppe.

Kaum aber haben sich die Beziehungen etwas stabilisiert, bei Kindern und Jugendlichen sind Hoffnungen aufgekommen, da ist das Praktikum zu Ende. Immer wieder sind sie gezwungen, sich auf neue Bezugspersonen einzustellen, immer wieder muß Abschied genommen werden.

2. Aufzählung verschiedener Sichtweisen und Durchführungsformen von Anleitung

Darin sind sich die Fachleute einig, daß Anleitung das Hineinnehmen eines Interessierten in den beruflichen Alltag und in die Auseinandersetzung mit fachlichen Ansprüchen ist. Sie sind sich einig, daß Praktikantinnen Aufgaben brauchen, an denen sie sich als werdende Fachkräfte üben, messen und einschätzen können.

Hier beginnen die unterschiedlichen Auffassungen.

Wer übernimmt Anleitung?

z.B. im Kindergarten:
  die Kindergartenleiterin?
  die Gruppenerzieherin?
  eine andere Kollegin?
z.B. in einer anderen Institution:
  der Fachdienst?
  die Leitung?
  Sozialarbeiterinnen vor Ort?
  Kolleginnen vor Ort?

Wann geschieht Anleitung?

z.B. ständig im Tun?
  in den letzten Minuten eines vollen Arbeitstages?
  gelegentlich?
  regelmäßig?
  außer Dienst bei einer Tasse Kaffee?
  aus dem Augenblick heraus?
  zu festgesetzten Zeiten?

Wo geschieht Anleitung?

z.B. im Büro der Leitung?
  im Gruppenraum?
  zwischen Tür und Angel?
  in einem Lokal außerhalb der Diensträume?
  in irgendeinem Büro, das gerade frei ist?

Wie geschieht Anleitung?

z.B. in freundschaftlich-kollegialem Plauderton?
  in lehrhafter, belehrender Weise?
  in anweisendem Charakter mit Hinweisen auf Fehler?
  in partnerschaftlichem Austausch?
  in gemeinsamer Planung und Reflexion?

Welche Inhalte gehören in die Anleitung?

z.B. die Planung des gesamten Arbeitsbereiches?
  der Rahmenplan des Kindergartens?

nur die Praxis, weil die theoretische Ausbildung „sowieso abgehoben" hat?
Planung konkreter Aufgaben und die Reflexion der Durchführung?
die Persönlichkeit der Praktikantin in ihrer beruflichen Rolle?
auftretende Fragen und Probleme?
das Reden über die Klienten bzw. über die Zielgruppe?
beurteilende Gespräche?
das Wohlbefinden der Praktikantin bis hin zum Privatbereich?

Wie ist die Verantwortung in der Anleitung verteilt?

z.B. Ist die anleitende Person für das Handeln der Praktikantin verantwortlich?
Hat die Anleiterin ständig mindestens in räumlicher Nähe zu sein und Aufsicht zu führen?
Hat die Anleiterin alles vorzuschreiben und zu bewerten?
Hat die Anleiterin vorzubesprechen und sich auf das Lerninteresse und das Tempo der Praktikantin einzustellen?
Darf die Praktikantin nichts bzw. alles alleine entscheiden?
Hat die Praktikantin sich in Selbständigkeit zu üben und deshalb von vorneherein ihre Aufgaben alleine zu erledigen?
Muß die Praktikantin mit einer Gruppe von Kindern alleine zurechtkommen und die Aufsicht übernehmen?
Hat die Praktikantin Angehörigengespräche zu führen oder nicht zu führen?
Und vieles mehr

Diese ungeordnet aneinandergereihten Fragen spielten in verschiedensten Auslegungen von Anleitung eine Rolle, wie ich sie zum Teil selbst erlebt und zum Teil erzählt bekommen habe.

Mir ist wichtig zu betonen, daß ich zwischen *Praxisanleitung* von in der Ausbildung befindlichen, potentiellen Fachkräften und *Praxisberatung* von fertig ausgebildeten, in der Praxis stehenden Fachkräften unterscheide und in diesem Buch ausschließlich Praxisanleitung behandle.

3. Auftrag zur Anleitung

3.1. Welche Qualifikation berechtigt zu Anleitung?

Durch die Ausbildungsstätten, das sind Fachschulen, Fachakademien, Fachhochschulen für Sozialpädagogik, Berufsakademien, wird gefordert, daß die Anleitung sich in dem Beruf qualifiziert hat, für den ausgebildet wird. Also Erzieherinnen für Erzieherinnen, Sozialpädagoginnen für Sozialpädagoginnen. In der Praxis ist dieses ebenso erwünscht und meistens möglich. Da in Kindergärten bzw. Kindertagesstätten bis zu einer bestimmten Größe vorwiegend Erzieherinnen auch die Leitung innehaben, steht in solchen Einrichtungen in der Regel kein Ausbildungsplatz für Sozialpädagoginnen zur Verfügung.

Umgekehrt, daß Sozialpädagoginnen Erzieherinnen anleiten, ist häufiger zu erfahren. Dabei spüre ich, daß mir das nicht gefällt. Was ist es, das mich stört? Ist es ein „Besser oder Schlechter", ein „Mehr oder Weniger", ein „Anspruchsvoll oder weniger Anspruchsvoll" der Ausbildung? Und deshalb ein Mehr an Wissen und Können im Beruf? Vielleicht sogar ein höheres Ansehen im Beruf?

Indem ich mir mein Empfinden objektiviere, merke ich, daß es ganz offensichtlich viele und reale Unterschiede gibt. Im Zusammenhang mit Anleitung erscheint mir erwähnenswert, daß die Ausbildung von Erzieherinnen vorwiegend auf die Zielgruppe Kinder und Jugendliche ausgerichtet ist und die von Sozialpädagoginnen auf mehrere Zielgruppen und Aufgabenfelder.

Meine Schlußfolgerung heißt daher:

● Erzieherinnen sind geeignet, in ihrem ureigenen Arbeitsfeld natürlich Erzieherinnen, aber auch Sozialpädagoginnen in Ausbildung anzuleiten.
● Sozialpädagoginnen sind geeignet, in dem Arbeitsfeld Kinder und Jugendliche Erzieherinnen in Ausbildung anzuleiten.

● Wenn Erzieherinnen wie Sozialpädagoginnen ihre während der Ausbildung grundlegend erworbene fachliche Haltung und Einstellung (siehe Vorwort) gegenüber Menschen, mit denen sie beruflich umgehen, aktualisieren, sind sie m.E. in der Lage, sich *gegenseitig* in ihrem praktischen Lernen zu unterstützen oder anzuleiten.

● Wünschenswert ist in jedem Falle eine mehrjährige Erfahrung in dem jeweiligen Arbeitsfeld.

Zusammenfassend geschieht Anleitung

a) durch eine für dieses Arbeitsfeld ausgebildete Fachkraft;
b) sinnvollerweise durch eine Fachkraft, die in dem Bereich der Gruppe tätig ist und Erfahrung hat, in welchem die Lernende praktiziert;
c) *nicht* aus einer übergreifenden Position, da zu befürchten wäre, daß
   – Anleitung auf ein reflektierendes Anleitungsgespräch reduziert wird,
   – die unmittelbare Fachkollegin sich abgewertet fühlt,
   – „Lernen am Modell" nicht direkt besprochen werden könnte,
   – der Lernprozeß, der sich im Handeln vollzieht, nicht von der anleitenden Person beobachtet würde und somit dieser Teil im reflektierenden Gespräch nicht berücksichtigt werden könnte.

3.2. Grundlagen, die die Anleiterin für diese Funktion mitbringt

Als ich zum ersten Mal eine Praktikantin bekam, schwankte ich zwischen Stolz und Ängstlichkeit. Eine Ausbildungsstätte war an mich herangetreten, ob ich bereit wäre, eine Praktikantin aufzunehmen. Man kenne mich und traue mir deren Anleitung zu. Das Vorschußvertrauen tat mir gut, und ich nahm es als Herausforderung an.

Doch mit meiner Zusage griffen Ängste nach mir, und ich fragte mich: „Werde ich den Erwartungen gerecht? Die hat ihre Ausbildung gerade hinter sich, kann ich da überhaupt noch mithalten? Ist sie mit meinem Stil einverstanden, oder würde sie alles anders/besser machen? Wird sie hoffentlich nicht für alles, was ich tue oder anrege, fachliche Begründungen wollen? Was wird sie in der Ausbildungsstätte über mich reden?"

So gelang es mir, mein Selbstvertrauen erheblich ins Schwanken zu bringen und mich selbst zu sabotieren. Nein, gebot ich mir, so unsicher werde ich nicht vor diese Frau treten. Ab sofort begann ich fachliche Auseinandersetzungen und Begründungen für mein pädagogisches Handeln zu suchen, und ich fand sie. Ich las intensiver Fachzeitschriften, um auf den derzeitigen Theoriestand zu kommen. Die Quellenangaben darin nahm ich interessiert zur Kenntnis. Einige Bücher kannte ich, das tat mir gut, andere besorgte ich mir. Auch vergewisserte ich mich der Stabilität meiner beruflichen, kollegialen Beziehungen. Das Barometer meines Selbstbewußtseins stieg wieder, ich begann, mich auf die neue Chance zu freuen.

Damals fehlte mir jemand, der mich darauf hingewiesen hätte, welche Grundlagen ich, um anleiten zu können, bereits erworben habe.

Beispielsweise,
● daß in der Pubertät die Identitätssuche mit der Abgrenzung vor allem von Autoritäten beginnt und sich der Prozeß der Ich-Findung über das 20. Lebensjahr hinaus fortsetzt,
● daß in die Berufsausbildung so zwischen 17 und 22 Jahren die Ablösung von den Eltern fällt sowie die Rollenfindung in der Gesellschaft. Freundschaften, Partnersuche haben einen hohen Stellenwert in diesem Lebensabschnitt.
● Daß ich von der prägenden Kraft des familiären Hintergrundes unterrichtet wurde, aus deren Wurzeln Weltsicht und Handeln der Menschen gespeist werden.
● Daß es im zwischenmenschlichen Bereich analytisch gesprochen häufig zu Übertragungen[2] und Gegenübertragungen[3] komme

---

[2] Aus dem Buch „Hilfe für Helfer: Balint-Gruppen", von Jörg Kaspar Roth, Serie Piper: „Mit dem Begriff Übertragung (Freud) sollen also Vorgänge menschlicher Kommunikation bezeichnet werden, in denen unbewußte Wünsche und Ängste, die aus einer zurückliegenden Beziehung rühren, in einer Beziehung der Gegenwart aktuell werden. Dabei handelt es sich wesentlich um Wiederholung von Beziehungsformen aus der Kindheit mit einer entsprechenden inneren Festlegung, einer Fixierung auf diesen Typ von Beziehung."

und daß ich über Abwehr- bzw. Schutzmechanismen[4] aufgeklärt
wurde.
● Die Verhaltenspsychologie lehrte mich die Beharrlichkeit gelernten Verhaltens in der Primärfamilie und deren Umfeld zur Kenntnis
zu nehmen.

Was ich nicht auf Anleitung bezogen habe, ist die Schulung
im Beobachten. Eine Vielzahl von Berichten mußte ich verfassen, in denen zu unterscheiden war zwischen Beobachten
= Wahrnehmen mit meinen Sinnen und dem Vermuten = In-
terpretieren mittels meines Denkvermögens; letztlich half
mir das sehr bei Beurteilungen.

Wäre ich mir damals über das alles klar gewesen, hätte ich
mich mit Sicherheit mit weniger Angst besetzt und mehr
sachgerecht auf Anleitungsprozesse einlassen können.

Heute ist mir vieles bekannt von dem Wissen, der Einstellung und der Haltung im beruflichen Umgang mit Menschen, also auch in der Anleitung. Vieles, das erstrebenswert,
hilfreich und zum großen Teil *unerläßlich* ist.

Wenn ich zurückschaue, wie ich selbst aus Unsicherheiten herausgefunden habe, fallen mir drei Fragen ein. Auf
diese werde ich intensiv eingehen, weil ich sie einerseits
als Kernstück für gelingende Anleitungsprozesse betrachte
und andrerseits damit Anregungen geben, Impulse setzen

Der amerikanische Psychoanalytiker R. Greenson schreibt im selben Buch
dazu: „Übertragung bedeutet das Erleben von Gefühlen, Triebregungen, Haltungen, Phantasien und Abwehrmechanismen gegenüber einem Menschen in
der Gegenwart, die der gegenwärtigen Beziehung zu dieser Person unangemessen sind und eine Wiederholung, eine Verschiebung von Reaktionen darstellen,
die von wichtigen Personen der frühen Kindheit herrühren. Ich hebe hervor,
daß für eine Reaktion, die als Übertragung angesehen werden soll, zwei Cha-
rakteristika erfüllt sein müssen: sie muß Vergangenes wiederholen und sie muß
der Gegenwart unangemessen sein."
[3] Führt eine wie oben beschriebene Übertragung dazu, daß ich nun auf sie reagiere, als wäre sie eine Person aus meinem Leben, kann man von einer Gegenübertragung sprechen. Die gegenwärtige Begegnung von Anleiterin und Praktikantin entspricht somit nicht der beruflichen Beziehung im Hier und Jetzt. Ich
lasse mich in die Rolle drängen, auf die sie mit ihrer Übertragung zielt.
[4] Abwehr- oder auch Schutzmechanismus werden Reaktionen genannt, die psychische Impulse und Affekte im Unbewußten halten sollen und deren sich alle
Menschen mehr oder weniger zur Angstabwehr bedienen. Z.B. Verdrängung,
Projektion, Rationalisierung …

möchte, sich selbst als anleitende Fachkraft auf die Spur zu kommen.

Das Ganze hat mit Rollenverständnis zu tun, geht aber über das soziologische Rollenverständnis hinaus und lotet in die persönliche Tiefe. Ich setze dem praktischen Teil, wie Anleitung konkret aussehen kann, den Teil der Berufsrolle voraus, als wer ich anleite.

4. Die Anleiterin – Ich leite an

Drei Fragen:

Wer bin ich

Was will ich } als Anleiterin

Was kann ich

4.1. Wer bin ich – als Anleiterin?

Ich bin eine Frau, die in einer jahrelangen Ausbildung einen sozialpädagogischen Beruf erlernt hat. In mehreren Praktika habe ich verschiedene Arbeitsfelder kennengelernt. In dem Bereich, in dem ich anleite, war ich länger schon tätig.

● Ich bin *Delegierende*[5] und diejenige, die für ihr Tun, ihr anleitendes Handeln und Entscheiden Verantwortung trägt. Ich habe die Folgen daraus abzuschätzen. Ein praktisches Beispiel, das sehr häufig zu Nachfragen führt, ist die Aufsichtspflicht.

Grundsätzlich erhält der Träger[6] einer Einrichtung (d.h. Kindergarten/Heim/Hort) von dem gesetzlichen Vertreter eines Jugendlichen oder Kindes die Aufsichtspflicht übertragen. Nachdem dieser in der

---

[5] Definition von Delegation siehe KiTa aktuell, Nr. 6/90, Hans Michael Miller: „Delegation – In welchem Umfang kann und darf ich Aufgaben weiterleiten?" Anm. d. V.: Ist eine (richtige) Delegation vollzogen, hat der Delegierende ohne Absprache nicht in das delegierte Handeln einzugreifen, es sei denn, es ist Gefahr im Verzuge.

[6] Definition Träger siehe KiTa aktuell, Ausgabe Bayern, Januar 92, Nr. 1, Simon Hundmeyer: „Wer hat bei welchem Träger was zu sagen?"

Regel die Aufsicht nicht führt, hat er sie an die Leitung von Kinder-
garten/Heim/Hort zu delegieren. Diese wiederum delegiert die Aufsichtspflicht an die einzelnen angestellten Mitarbeiter/innen.

Jetzt kommt die Anleiterin ins Spiel. Sie ist eine der angestellten
Mitarbeiterinnen und kann ebenso Aufsichtspflicht delegieren unter
bestimmten Voraussetzungen.

a) Sie hat sich davon zu überzeugen, daß die Praktikantin, soll sie
z.B. mit zwei Kindern einkaufen gehen, genügend sicher auftritt,
klare, verständliche Anweisungen gibt, diese beiden Kinder in ihren
Reaktionsweisen einschätzen und schützend auf sie einwirken
kann. Die Anleiterin muß abschätzen, ob diese Aufgabe der Flexibilität, der Übersicht, der Zuverlässigkeit, der Belastbarkeit der Praktikantin zumutbar erscheint.
b) Ihr obliegt es, das Verhalten der Kinder und deren Beziehung zu
der Praktikantin auf diesen Auftrag bezogen zu überprüfen, aber
auch der Praktikantin alle nötigen Informationen zu geben. Zudem
ist es wichtig, die Praktikantin zu fragen, ob sie sich selbst diese Sache zutraut und ihr die örtlichen Verkehrsverhältnisse bekannt sind.

In diesem Beispiel wird deutlich, wie die Anleiterin die
rechtliche Rolle als *Delegierende* auszufüllen hat.
● Ich bin für die Praktikantin *Identifikationsfigur*, bevor sie
zum Ausdruck ihres eigenen beruflichen Rollenverständnis-
ses findet.

Praktisch gesehen, heißt das, ich vermittle Normen und
Werte, eine Berufshaltung, ein pädagogisches Verhalten, bevor ich mich dazu erklärend geäußert habe. Deshalb stelle
ich an mich die Forderung, mir meiner Wertvorstellungen,
Weltanschauung, meines Menschenbildes bewußt zu bleiben
bzw. zu werden, damit ich mir klar darüber bin, ob ich die-
ses wirklich so an Berufsneulinge weitergeben will.
● Ich bin *Angestellte* und damit zu Loyalität gegenüber der
Einrichtung, dem Träger, dem Chef, der Chefin verpflichtet.
Im Zusammenhang mit Anleitung heißt das, ich trage Mitverantwortung für das Bild, das über Klima und Qualität der
Einrichtung, z.B. in den Ausbildungsstätten (FAfSP/
FHS/AS) entsteht bzw. von der Praktikantin gezeichnet
wird.
● Ich bin *Bewertende*. Um eine Beurteilung der Praktikan-
tin komme ich als Anleiterin nicht herum, wozu Details in
dem Kapitel Beurteilung zu finden sind.
● Ich bin *Vertragspartnerin* nicht nur der Praktikantin, son-

dern auch der Ausbildungsstätte, vertreten durch die Praxis-betreuerin. Weitere Ausführungen dazu im praktischen Teil und in dem Kapitel: „Zur Zusammenarbeit mit den Ausbildungsstätten".

Wer bin ich nicht?

Um mir klar zu werden, „wer ich bin", war mir die Abgrenzung wichtig gegenüber dem, „wer ich nicht bin". Beispiele sind:

● Ich bin nicht die *Lehrerin*, die Stoff vermittelt und dann das Lernen und Üben der Praktikantin alleine überläßt, das Resultat mit Noten bewertet und weitere Aufgaben stellt.
● Ich bin nicht die *Mutter*, die ständig auf die Finger schaut oder lieber etwas „schneller selbst macht", bevor die *Tochter*, d. h. die Praktikantin, einen Finger gerührt hat. Die Mutter, die besorgt für die Praktikantin denkt und entscheidet, was ihr zuzumuten ist; die besänftigt und tröstet, wenn etwas nicht wie beabsichtigt gelungen ist.
● Ich bin nicht die *Schwester*, die alles besser weiß oder bewundernd aufschaut zur Praktikantin.
● Ich bin nicht die *Freundin*, die, weil sie im Privatbereich der Praktikantin eine Rolle spielt, kaum Forderungen stellt und berechtigte notwendige Kritik meidet.
● Ich bin nicht *Kumpel*, der alles bagatellisiert, der nicht kritisch ist, um nicht kritisch gesehen zu werden.
● Ich bin nicht *Koalitionspartnerin*, wenn die Praktikantin mit Kolleginnen, Eltern, Träger oder anderen Schwierigkeiten hat.

Obwohl mir diese Überlegungen sehr hilfreich waren und sind, ertappe ich mich stellenweise in einer dieser Rollen. Es kommt auf meine Tagesform an, wie ich mit den beruflichen Anforderungen und all dem, was mich außerhalb meines Berufes betrifft, zurechtkomme. Nicht selten bräuchte auch ich Zuspruch und „Anleitung" bzw. Beratung.

Die Eltern erwarten von mir die kompetente, liebenswürdige Gesprächspartnerin. Für die Kinder habe ich als standfeste Bezugsperson beschützende, bildende, erzieherische Aufgaben zu erfüllen. Dem Träger gegenüber bin ich einerseits Angestellte, aber andererseits die verantwortliche Fachkraft. Hier sage ich bewußt „aber", denn die Angestelltenrolle bedingt eine gewisse Abhängigkeit, und die Rolle der Fachkraft verlangt eine unabhängige, situationsbezogene, professionelle Haltung. Dies muß sich nicht gegenseitig ausschließen, ist jedoch manchmal nicht leicht in Übereinstimmung zu bringen.

Daß ich in all den Rollenerwartungen mir meiner Rolle als Anleiterin bewußt bin und bleibe, ist nicht gelernt und keine Selbstverständlichkeit.

Die Gründe, weshalb meine guten Vorsätze und mein Bemühen um Klarheit in der Rolle als Anleiterin manchmal vereitelt werden können, liegen nicht nur bei mir. Sie liegen auch in meinem Gegenüber. Mein Interaktionspartner, in diesem Fall die Praktikantin, sendet ja auch etwas aus. Worin für mich Gefahren liegen, die berufliche Distanz zu verlassen, führe ich später aus (siehe S. 42ff.).

4.2. Was will ich – als Anleiterin?

In erster Linie liegt mir daran, meine Aufgabe gegenüber der Zielgruppe zu erfüllen. Das kann die Gruppe im Kindergarten, im Hort, im Heim, in der offenen Arbeit mit Menschen sein. Daß ich da zuständig bin, kompetent bin, will ich der Praktikantin zeigen und sie in diese Zuständigkeit mit hineinnehmen.

Ich habe nicht den Anspruch, perfekt zu sein, vielmehr möchte ich meine Stärken leben und meine Begrenztheit als Ausgangspunkt für neues Lernen akzeptieren. Der Praktikantin möchte ich mein Wissen und Können zur Verfügung stellen. Die Unterstützung ihres Lernens hat Vorrang. Mein Lernen von meinem Stand aus kann nebenbei geschehen, soll aber um der Partnerschaft willen nicht unerwähnt bleiben.

Ich bin auch ehrgeizig. Wenn die Praktikantin geht, soll sie sagen können, sie habe viel und für sie Wichtiges gelernt, sich akzeptiert gefühlt und jetzt Lust, sich in einer Berufsrolle zu bewähren. Dazu meinen Part zu leisten und ihr eine ermutigende Lernatmosphäre mitzugestalten, bin ich bereit.

4.3. Was kann ich – als Anleiterin?

Ja, ich kann was, und das darf ich, muß ich sogar zur Kenntnis nehmen, und nicht nur, wenn ich anleite. Sich dessen zu vergewissern, was sie kann, obliegt jeder Anleiterin selbst.

An dieser Stelle erscheint es mir angebracht, von mir als Anleiterin abzugehen und mich der vielen Anleiterinnen und Anleiter zu erinnern, mit denen ich zusammengearbeitet habe. Das Bild wird bunter, vielfältiger und, wie ich hoffe, anregend, sich selbst mehr zu entdecken.

Die Frauen und Männer, die ich anleitend erlebt habe, leisteten sehr viel Denkarbeit, sie ließen sich auf Beziehungen und deren starke emotionale Komponenten ein. Sie waren engagiert, handelnd zu verwirklichen, was sie als Auftrag übernommen hatten. D.h. kurz gefaßt:

● Sie konnten denken.
● Sie konnten sich auf Emotionen einlassen.
● Sie konnten beruflich handeln.

Denken

„Sie konnten denken", mag banal klingen, ist es aber nicht, denn da gab es Unterschiede.

Die einen speisten ihr Feedback durch treffende Beobachtungen, genaues Hinhören und Hinsehen. Gemeinsam mit der Praktikantin konnten sie daran deren Lernstand ablesen und folgerichtige Schritte tun. Andere griffen konkrete Erfahrungen der Praktikantin zu reflektierenden Gesprächen auf. Wieder andere brachten die Planung der Arbeit z.B. für diese Kindergartengruppe mit dem persönlichen Ausbildungsplan der Praktikantin in ein sich ergänzendes Lernprogramm.

Manche konnten besonders vorher Schritte mit der Praktikantin besprechen, und manche überließen ihr bewußt ein selbständiges Weitergehen. Ein konkretes, stützendes Feedback zu geben, fiel den einen leichter als den anderen. Kritische Anmerkungen zu machen, die konstruktiv waren, gelang vor allem jenen, die sich vorher reflektierend ihrer eigenen Gefühle, auf die Angelegenheit bezogen, bewußt wurden.

Das Erinnern an eigene Praktika bewirkte viel Verständnis für die Situation von Praktikantinnen. Es hat zu Entscheidungen geführt, so oder so auf keinen Fall anleiten zu wollen.

In Auswertungs- bzw. Beurteilungsgesprächen beschrieb die eine lebhaft und nachvollziehbar ihre Eindrücke, die sie von der Praktikantin gewonnen hatte, und die andere fand dafür die schriftlichen Formulierungen.

Die Reihe dessen ist fortsetzbar. Vielleicht finden Sie – nicht bewertend – für sich Antworten und Fragen wie:

● Wie plane ich?
● Woran orientiere ich meine Erwartungen gegenüber der Praktikantin?
● Aus welchen Fakten speise ich meine Meinung und Beurteilung?

Haben Sie darauf Antworten gefunden, wissen Sie, daß Sie planend denken, daß Sie auf Theorie- und Erfahrungswerte zurückgreifen und daß Sie bewertende Zusammenhänge herstellen können.

Fühlen

Sie konnten mehr oder weniger ihren Gefühlen Raum geben und dies sich und anderen reflektierend begreifbar machen.

a) Ich erlebte oft bei Erzieherinnen, daß sie sich mit einem Kind identifizierend freuten über sein geglücktes Vorhaben, die Anerkennung, die es erfahren hat, den Stolz über seine eigene Leistung, über ein Geschenk, das es erhalten hat, daß sie an Enttäuschungen und Traurigkeiten Anteil nahmen und ebenso Ärger, Wut, Ängste und Schrecken mit durchlebten.

Ihre Fachlichkeit stellten sie vollends unter Beweis, wenn es ihnen gelang, sich aus der Identifikation zu lösen mit der Gewißheit, dieses Gefühl ist nicht aufgrund ihres Erlebens entstanden, sondern des Erlebens des Kindes. So waren sie in der Lage, aus ihrer Perspektive objektivierend dem Kind seine emotionale Befindlichkeit bewältigen zu helfen. Den ersten wichtigen Schritt dazu hatten sie ja bereits getan, indem sie durch die Identifikation, ihr Einfühlen, dem Kind mit seinen Gefühlen Verständnis signalisierten.

Praktikantinnen waren von solchen Situationen beeindruckt, und ich glaube, nicht nur, weil ihnen das gefiel und sie daraus lernen konnten, sondern auch in der Hoffnung, die Anleiterin möge ihnen ebenso einfühlend begegnen.

Das war auch Anliegen der Anleiterinnen und sie freuten sich selbst, wenn es ihnen möglich war, doch gab es da Grenzen.

b) Die Emotionalität im Anleitungsprozeß drückt sich eben nicht nur durch Einfühlen und Mitfühlen aus, sondern bedeutend in der Beziehung zwischen Anleiterin und Praktikantin.

Die Frage nach der Emotionalität der Anleiterin sucht ihre Antwort im Wahrnehmen und Zulassen der eigenen Gefühle innerhalb des Anleitungsprozesses.

„Welche Gefühle löst die Praktikantin bei mir aus, und was davon teile ich ihr mit, weil es für ihr Lernen unterstützend und weiterführend ist?", hörte ich Anleiterinnen oft fragen und anfügen, sie könnten ihr nicht offen und frei begegnen, wenn sie unklare Gefühle mit sich herumtrügen, die blockierten sie auf der ganzen Linie.

Zwei Beispiele werden das verdeutlichen:

Beispiel 1:
„Zur Zeit habe ich eine besonders gescheite Praktikantin", erzählt eine Erzieherin, „die weiß alles besser. In der Schule haben sie gelernt, man solle jetzt im Kindergarten die Türen offen lassen und gruppenübergreifend arbeiten. Dem fügte sie noch einige pädagogische Vorteile hinzu. Mich ärgert, daß sie überhaupt nicht nachfragt, weshalb das bei uns nicht so ist. Ich fühle mich richtig als rückständig abgestempelt. Am liebsten würde ich ihr jetzt beweisen, daß sie selbst noch nicht einmal die Kinder im Raum für eine gemeinsame Aktion gewinnen und zusammenfassen kann. Und außerdem, wie stellt sie uns in ihrer Ausbildungsstätte dar?"

Als sich die Anleiterin erst einmal ihren Frust von der Seele geredet hatte und sich ihres Ärgers über die Praktikantin und sich selbst gegenüber, weil sie nicht gleich gekontert hat, bewußt war sowie ihrer Verunsicherung der Fachakademie gegenüber, nahm sie sich vor, der Praktikantin ihre Gefühle diesbezüglich mitzuteilen. Diese

war erstaunt und betroffen, daß sie solchen Ärger und solche Verunsicherung ausgelöst hatte. Sie konnte sich schon länger die ag-
gressiv anmutende Distanz der Anleiterin nicht erklären, sagte sie.
Auf ihr, wie es schien, fortschrittliches Wissen war sie stolz, trotzdem wurde ihr aufgrund des Gespräches wichtig, die Begründungen zu erfahren, mit denen dieses Konzept hier nicht Anwendung
findet. In der Zukunft hatten konzeptionelle Gedanken Raum ohne
Rivalität. Die Luft war gereinigt.

Beispiel 2:
Eine Anleiterin berichtete von einem Teamgespräch, in dem sie den
Kolleginnen von der Beschwerde einer Mutter erzählte. Die hielte es
für eine Überforderung und herzlos, daß die Kinder sich beim Kommen und Gehen alleine aus- und anziehen müßten. Wenn sie es im
Team besprochen habe, beruhigte sie die Mutter, werde sie das Gespräch darüber mit ihr wiederaufnehmen. Nun berieten sie im Team,
wie sie diese Beschwerde zu verstehen hätten und was an dieser
Sachlage veränderungswürdig sei.
    Erst nach dem Teamgespräch habe ihr die Praktikantin erzählt,
daß die Mutter sie nämlich in der letzten Woche auf der Straße fast
belästigt habe mit der Klage über die zu strenge Gruppenleiterin
und daß sie deren Haltung den Kindern gegenüber für hart und ge-
fühllos halte, ob sie nicht auch der Meinung sei? Darauf habe die
Praktikantin geantwortet, sie halte sich nicht für befugt, in diesem
Rahmen Aussagen über ihre Einrichtung zu machen und habe die
Mutter gebeten, bei nächster Gelegenheit die Kollegin selbst anzu-
sprechen.
    Die Anleiterin berichtete weiter, sie habe ihrer Achtung und ihrer
Freude gegenüber der Praktikantin Ausdruck verliehen, weil die
Praktikantin eine reife Leistung von Loyalität für die Einrichtung ge-
zeigt habe und zum anderen nicht von der persönlichen Kritik der
Mutter in dem Gespräch erzählt habe. So sei sie, die Anleiterin, vor
einer negativen Beeinflussung dieser Frau gegenüber verschont
geblieben. Allerdings habe die Praktikantin soweit nicht gedacht.

c) Erklärung zu den zwei Beispielen:
Im ersten Beispiel verhielt sich die Anleiterin im Sinne des
Lernens nachahmenswert. Sie betrachtete ihre Befindlichkeit und nahm ihre eigenen Gefühle ernst, nachdem sie ihr
klar geworden waren. Sie begegnete der Praktikantin nicht
beleidigt und mit Vorwürfen, gegen die sich die Praktikantin
hätte verteidigen müssen, sondern zeigte sich als berührba-
rer, verletzbarer Mensch. Von der auslösenden Sache sprach
sie zunächst gar nicht. Damit wurde der Praktikantin die

Möglichkeit eröffnet, sich auch ihrer Gefühle bewußt zu werden und sich damit zu zeigen. Es ist nichts Unangenehmes, Schlimmes passiert, es ist die Bereitschaft zur Offenheit gewachsen. Wenn solch eine Erfahrung am Anfang eines Anleitungsprozesses gemacht wird, scheint mir die Atmosphäre für ein angstfreies Lernen gesichert.

Im zweiten Beispiel bestätigt die Anleiterin durch das Mitteilen ihres Erlebens, ihrer Gefühle, die Praktikantin in einer Haltung, die dieser in ihrem Beruf sehr dienlich sein wird, die sogar gefordert ist. Ich gehe nun einmal davon aus, daß diese Reaktion der Praktikantin noch keine bewußte berufliche Haltung war. Vielmehr glaube ich, daß diese Haltung, diese Norm, sich so zu verhalten, in der Familie gilt und da erworben wurde. Durch die Direktheit der Anleiterin hat die Praktikantin einen Teil von sich selbst in die Hand gelegt bekommen. Sie kann ihn als Haben-Aspekt auf der Seite der Eignung für einen sozialpädagogischen Beruf buchen.

In diesem Zusammenhang scheint mir die alte Goethe-Weisheit zu passen:

> Was du ererbt von deinen Vätern,
> erwirb es, um es zu besitzen.

In beiden Fällen ist in der Beziehung zwischen der Anleiterin und der Praktikantin Nähe entstanden und Vertrauen gewachsen. Beruflich-emotionale Nähe nenne ich das, weil das berufliche Anliegen hier im Mittelpunkt stand und die persönliche Betroffenheit auf dieses beschränkt blieb, im Gegensatz zu einer privat-emotionalen Beziehung.

d) Der erste Eindruck und die Gefühle:
Oft ist er ausschlaggebend für den Aufbau einer Beziehung, zumindest in der Anfangsphase. Eigene Erfahrung veranlaßt mich, unter dem Vorzeichen: „Was ich kann" als Anleiterin, folgende Frage zu fomulieren:

● Kann ich abwarten, einem Menschen Zeit geben, sich mir zu zeigen, sich mir verstehbar zu machen, bevor ich ihn in meinem Bild festlege?
Ich erschrecke immer noch, wenn jemand sagt, er täusche sich nicht bei dem ersten Eindruck, da wisse er bereits, mit

wem er es zu tun habe. Eine Weile habe ich solche Menschen bewundert und fast beneidet ob ihrer Menschenkenntnis. Das ging so weit, daß ich überzeugt war, selbst keine Menschenkenntnis zu haben. Lange besaß „Menschenkenntnis" im landläufigen Sinn einen hohen Stellenwert bei mir. Inzwischen hat sich mein Anspruch verändert. Wichtiger ist mir geworden, einen Menschen mit dem, was er mich von sich wissen läßt, wahrnehmen und annehmen zu können.

Eine Praktikantin kommt, ich sehe ihr Gesicht, ihre Frisur, ihre Kleidung, ihre Gestalt, ihre Bewegungen; ich höre ihre Stimme, ihre Sprache, den Dialekt, ihre Wortwahl und Ausdrucksweise. Ich empfinde bei der Begrüßung den Händedruck, rieche ein mir angenehmes Parfum, oder ein unangenehmer Mundgeruch steigt mir in die Nase. Im Gespräch gibt sie mir Informationen über sich, stellt Fragen und gibt Antworten auf Fragen von mir.

Ich spüre vielleicht Neugier, die Frau gefällt mir, sie ist mir sympathisch. Ihre Stimme klingt in meinen Ohren angenehm und sicher. Ihre Kleidung trifft meinen Geschmack. Ihre Fragen und Antworten beziehen sich auf Details der pädagogischen Ansprüche und die Formen der Zusammenarbeit – das gefällt mir. Meine Lust, mich mit ihr auf einen Lernprozeß einzulassen, wächst, und im Gespräch werde ich immer lockerer. Ich habe Fakten erfahren, die bei mir auf positive Resonanz stießen, die mich hoffnungsvoll machen für den Aufbau einer konstruktiven beruflichen Beziehung.

Trotz dieser emotionalen Grundstimmung, über die ich mich freue, möchte ich mir mir gegenüber kritisch bleiben und wachsam, mich nicht in Übertragung oder Gegenübertragung zu verlieren.

Da diese Phänomene über die gesamte Anleitungszeit auftreten können, möchte ich mich ihnen in einem eigenen Kapitel zuwenden (vgl. Definitionen in Fußnoten auf S. 22/23).

Handeln – berufliches Handeln

Das Denken und Fühlen findet Ausdruck im Tun. Gelerntes, Erfahrenes wird umgesetzt. Fähigkeiten werden sichtbar. Die Begabungen, Stärken und Interessen, die Färbung durch die Ausbildungsstätten sind sehr unterschiedlich, und der Einfluß davon auf das eigene pädagogische Handeln ist nicht zu unterschätzen. Nebenbei, die sich daraus ergebenden Unterschiede bergen oft unerkannte Gründe für kollegiale Konflikte in sich.

Also – was kann ich tun? Durch einige Beispiele möchte ich anregen, sich selbst wie in einem Spiegel zu betrachten. Das zu sehen, was die Praktikantin bei mir als ihrem momentanen Modell erleben kann und als Lernfaktor nützen soll.

An mir beobachteten Praktikantinnen, wie sie mir nach bestimmten Situationen erzählten, meinen Umgangsstil mit Kindern, Kollegen und Kolleginnen und Vorgesetzten. Sie achteten darauf, wie ich Spiele einführte und zu Beschäftigungen motivierte. Sie hinterfragten im Laufe des Praktikums immer mutiger und kritischer.

Ich war schon sehr betroffen, als mich eine Praktikantin z.B. darauf aufmerksam machte, daß ich eine Situation nicht richtig eingeschätzt und ein Kind, das helfen wollte, als Störenfried zur Seite geschoben hätte. Ich mußte einräumen, daß ich da ein Kind ungerecht behandelt habe und sie gut beobachtet hätte. Reflexionswürdig war es allemal. Natürlich war es für sie wichtig, mitzuerleben, wie ich Kindern, die sehr aufgebracht waren, begegnete und wie ich mich in Konflikten verhielt.

Ein weites Betätigungsfeld von mir und entsprechend der Praktikantin war die Vorbereitung, Durchführung und Reflexion verschiedenster Feste.

Vieles tat ich, weil es eben zu meinen Aufgaben gehörte, doch lag darin nicht meine Stärke. Ich tat es dennoch gern und in Verantwortung, wissend, es kann mir nicht alles gelingen. Eine Stärke, das mehrstimmige Singen mit Kindern, gab mir, wenn ich von mir selbst enttäuscht war, oft Aufschwung.

Praktikantinnen erlebten Versagen und Gelingen mit. Sie mußten mir bei meinem täglichen Handeln nahe sein, weil ich ihnen mein Profil mit seinen Konturen und Grenzen nur da erfahrbar machen konnte. Daran orientierten sie die Gestaltung ihres eigenen beruflichen Profils mit weichen und scharfen Konturen und dessen Begrenzung.

4.4. Abschließende Betrachtung

Als ich vor Jahren die drei Fragen: „Wer bin ich, was will ich, was kann ich", so am Rande eines Artikels las, gefielen sie mir, sie schienen mir sinnvoll. Daß mir aber ihr ordnender Charakter wieder den Boden unter die Füße geben

konnte in Situationen, in denen ich verunsichert, beunruhigt
war oder mich zu verlieren fürchtete, ahnte ich nicht.

Bewußt wurde mir dies während einer Fortbildung für Anleitung, in
der ich eine völlig unpassende Methode zur Erarbeitung eines The-
mas vorgeschlagen hatte und wir alle immer ratloser wurden. Mich
befielen schlimme Selbstzweifel, und ich kam mir vor, wie in einem
Käfig gefangen. Wie ein „Sesam öffne dich" fielen mir die drei Fragen ein. Ich brach alles Suchen und Fragen ab und schlug ohne Er-
klärung zehn Minuten Pause vor. In diesen zehn Minuten zog ich
mich in mein Zimmer zurück und meditierte über die drei Fragen.
Die Türe zum Käfig öffnete sich, und ich wußte, ich bin nicht un-
fähig, ich bin hier die richtige Fachfrau, und als diese habe ich einen
Fehler gemacht. Ich hatte wieder mehr Sicherheit. Der Gruppe sagte ich, worin mein Fehler bestand und daß dieser vermutlich der
Grund für unsere Ratlosigkeit war. Wir suchten gemeinsam eine
passende Methode, und wir konnten sehr gut weiterarbeiten. Im
übrigen war das für alle Beteiligten eine sehr lehrreiche Erfahrung.

Inzwischen bin ich mir gegenüber hellhöriger geworden.
Spürte ich in mir Ängste hochkriechen (alte Ängste): Du
überforderst dich, das kannst du nicht, das hast du noch nie
gemacht, du überschätzt dich, laß die Finger davon, oder anderes mehr, erlaubte ich mir, egal, in welcher Umgebung,
kurzfristig geistig auszusteigen. Entweder verließ ich den
Raum oder ich setzte mich so auf meinen Stuhl, daß ich erstens mit beiden Füßen Bodenberührung hatte und zweitens
der Atem frei und tief kommen und gehen konnte, und dann
fragte ich mich: Wer bin ich hier, was will ich hier, was kann
ich hier? Die Wirkung war verblüffend, ich konnte wieder
klar denken und mich mit Fähigkeiten und Grenzen akzeptieren. Verblüffend auch die Reaktion der Anwesenden. Sie
haben nämlich nichts bemerkt und mich genommen, wie sie
mich eben kannten. Erzählen konnte ich davon, wenn ich
wollte, und ich konnte es auch ganz bleiben lassen. Mir ging
es wieder gut.

Das zur Erläuterung, weshalb ich meinem Impuls nach-
gab, die berufliche Rolle der Anleiterin unter diesen Katego-
rien zu betrachten und zur Betrachtung anzubieten.

5. Die Praktikantin

5.1. Wer ist sie?

Im Verhältnis zur Anleiterin

Die Praktikantin ist eine Frau, die sich für einen sozial-pädagogischen Beruf entschieden hat.

Sie befindet sich in der Ausbildung und zwar ganz praktisch vor Ort. Es kann sein, sie hat schon einen Teil ihrer Ausbildung hinter sich oder sie macht erste Erfahrungen, sie orientiert sich in einem sozialpädagogischen Arbeitsfeld.

Sie ist ein erwachsener Mensch, der sich fachlich und zeitlich begrenzt einer erfahrenen Kollegin anschließt zum Zwecke ihres Lernens.

Sie ist Lernende und als solche bedingt abhängig von der Praxisstelle und der Anleiterin.

Sie ist eine zukünftige Kollegin,
eine Mitarbeiterin,
evtl. ein Teammitglied.

*Im Verhältnis zu Personen in der Einrichtung
und anderen Institutionen*

Eine Praktikantin ist Schülerin und als solche abhängig von Ausbildungsstätte und Praxisbetreuerin.

Als Mitarbeiterin erhält sie interne Informationen, über die sie zum Schweigen verpflichtet ist. Der Einrichtung und dem Träger gegenüber hat sie Loyalität zu wahren.

Ihr rechtlicher Status während des Praktikums kann sehr unterschiedlich sein. Er ist abhängig von Art und Dauer des Praktikums. Im Rahmen dieses Buches genügt mir der Hinweis, daß die zuständigen Ausbildungsstätten über diese Informationen verfügen und von ihnen der jeweils gültige Rechtsstand zu erfahren ist.

Die Praktikantin wird je nach Dauer des Praktikums Bezugsperson für die Menschen der Zielgruppe, so im Kindergarten für die Kinder und deren Eltern.

Sie wird Ansprechpartnerin für Kontaktpersonen außerhalb der Einrichtung.

Sie selbst ist natürlich Kontaktperson für weitere Mitarbeiterinnen in der Institution.

5.2. Wer ist die Praktikantin nicht in dem Anleitungsgeschehen?

Analog zur Anleiterin

● ist die Praktikantin nicht ihre *Schülerin*, die auf Lernstoff und Anweisungen angewiesen ist und Gelerntes reproduziert;

● ist sie nicht die *Tochter*, die sich zurückzieht, wenn die Anleiterin ihr etwas aus der Hand nehmen will. Die Tochter, die der Anleiterin durch trotzigen Nachdruck ihre Eigenständigkeit beweisen muß. Die, die nur Trost bei der Anleiterin sucht oder Bestätigung. Die lieber nur tut, was ihr aufgetragen wird, in der Hoffnung, nichts Falsches zu tun.

● Sie ist nicht ihre *Schwester*, der sie alles recht machen muß, um nicht verpetzt zu werden (z.B. in der Schule), oder die als Jüngere Narrenfreiheit besitzt.

● Sie ist nicht die *Freundin*, die gerne jeden Gefallen tut, der ein Einblick in den Privatbereich offensteht und die sich öffnet.

● Sie ist nicht *Kumpel*, „mit dem man Pferde stehlen kann", der sich nichts sagen zu lassen braucht.

● Sie ist nicht *Koalitionspartnerin* und Sicherheitsfaktor für die Anleiterin, die in Schwierigkeiten mit anderen ist.

● Sie ist nicht *Konkurrentin*, die es besser macht.

● Sie ist nicht *Abhängige* in all ihren Lebensvollzügen. Steckt sie zwar fachlich-beruflich noch in den Kinderschuhen, ist sie doch kein Kind mehr.

● Sie ist nicht der *Abklatsch der Leiterin*, auch wenn sie sich zunächst an die Anleiterin als ihr Modell hält.

Mir ist die Beschreibung von Unterscheidungen ganz wichtig. Wenn nämlich meine Funktion deutlich ist, bin ich weniger in Gefahr, dem anderen hineinzupfuschen und sein Revier zu verletzen. Ich möchte respektieren ohne Ansehen von Alter und Status, und ich möchte respektiert werden. Dabei hilft mir die Mühe um das Abstecken von Zuständigkeiten.

5.3. Ihre Position während des Praktikums

Nach meiner Meinung ist im Anleitungsgeschehen die Praktikantin zwar die Hauptperson, aber zugleich zwischen Ausbildungsstätte und Praxisstelle das schwächste Glied und in der Regel die Jüngste der daran Beteiligten. Ihre Autonomie ist eingegrenzt durch ihren Status, ihr Lernstadium und den daraus resultierenden Detail-Verantwortungsbereich.

Die bevorstehende Beurteilung wirkt sich oft auf das Verhalten von Praktikantinnen aus.

Als Praktikantin hat sie berechtigte Ansprüche auf Anleitung und auf Berücksichtigung der Forderungen durch die Ausbildungsstätte. Ich bin nicht sicher, ob sich alle Praktikantinnen dessen bewußt sind, und wenn ja, ob sie es wagen, sich für die Erfüllung der Ansprüche stark zu machen.

Während ich so meine Gedanken zur Praktikantin sortiere, fällt mir erneut auf, wie dünn doch die Position einer Praktikantin ist. Ich spüre, wie in mir Gefühle aufsteigen, die mich in Rollen locken, die ich unter dem Gesichtspunkt: „Wer ist die Anleiterin *nicht*", erwähnt habe. Ich vermute, daß manche Anleiterin da in Gefahr kommt.

Umso dringender erscheint es mir, in den Überlegungen fortzufahren, nicht nur erstens, wer ist die Praktikantin, und wer ist sie nicht, sondern zweitens, in welchem Lebensabschnitt übernimmt sie den Status der Praktikantin und schließlich drittens, welchen Einfluß hat ihre Lebensgeschichte.

5.4. Praktikum – eine sensible Phase

Praktika bilden insofern sensible Phasen im Erlernen eines Berufes, als sie meistens in ein Lebensalter fallen (ca. zwischen 18 und 26 Jahren), in dem sich Menschen aus ihrem

Elternhaus lösen, um ihre eigene Identität zu finden. Vielleicht erinnern wir uns selbst, wie es damals war.

Vieles im Leben einer Praktikantin ist im Umbruch.

Der Zusammenhang zwischen Ausbildungsstand und Lebensphase

Die Praktikantin lebt in der Regel nicht mehr in der angestammten, vertrauten Umgebung. Sie wohnt alleine oder in einer Wohngemeinschaft oder mit einem Partner zusammen.

Vielleicht bewegt sie gerade eine neue Liebe.

Möglicherweise muß sie verdienen, weil ihr Lebensunterhalt durch die Eltern nicht mehr gesichert ist.

Der Besitz des Führerscheins weckt Wünsche und hebt das Gefühl von Freisein und Selbst-bestimmen-können.

Es ist nicht nur das Alter, das die Beschäftigung mit sich als eigenständigem Menschen hervorruft, sondern auch der erwählte sozialpädagogische Beruf.

Die Praktikantin bereitet sich auf einen Beruf vor, der hohe Anforderungen an die Persönlichkeit stellt, und ihr Lernen bleibt nicht auf Ausbildungsstätte oder Praxisstelle beschränkt. Die Entwicklung ihrer Persönlichkeit und die Suche nach eigener Identität setzen sich im Privatleben fort und ergänzen sich. Es entsteht eine gegenseitige Beeinflussung (Interdependenz) von Berufsperson und Privatperson.

Aus dem Munde von Praktikantinnen klingt das so: „Ich kann überhaupt nicht mehr abschalten, wenn ich nach Hause komme, rede ich nur noch über meine Arbeit." Plötzlich nahm sie viel mehr Raum ein, als zu Hause alle das bislang gewohnt waren, und Konflikte in Familie und Partnerschaft blieben nicht aus.

Das Gravierendste scheint mir der Schritt zu sein, den der Mensch aus der Kindrolle in die selbst zu verantwortende Erwachsenenrolle tut. Dieser Schritt führt in die Auseinandersetzung mit Weltbild und Wertesystem der Eltern auf das Ziel hin, für die eigene Lebensgestaltung Maßstäbe und Maximen zu finden. Unter welchem emotionalen Aufwand und Energieeinsatz sich das vollzieht, ist individuell sehr unterschiedlich.

Der Zusammenhang zwischen Ausbildungsstand und Lebensgeschichte

Wenn es nicht das Vorpraktikum ist, in dem die Praktikantin gerade steht, hat sie jetzt die Gelegenheit, ihr Theoriewissen auf praktische Umsetzbarkeit hin zu überprüfen und umgekehrt im handelnden Vollzug die entlastende und objektivierende Wirkung von theoretischen Erklärungsmustern zu erfahren.

So weit, so gut. Das ist aber nicht alles. Der Resonanzboden, wird er übersehen, kann verunsichernde Schwingungen hervorbringen. Er ist es, der theoretisch und praktisch Erlerntes zum Klingen bringt. Ich meine den lebensgeschichtlichen Hintergrund, der zum Zeitpunkt des Praktikums in seiner Wirkung auf das berufliche Handeln noch weitgehend unbewußt[7] bleibt. Häufig wird er überhaupt nicht in Betracht gezogen. Dabei wird übersehen, daß die Eindrücke, die wir als Kinder erfahren haben, wie:

– so geht man mit Kindern, mit Jugendlichen, mit Alten um,
– so hilft man Notleidenden,
– so verhält man sich Autoritätspersonen gegenüber,
– so begegnet man Schwächeren,
– so wichtig darfst du dich selbst nehmen oder nicht nehmen und vieles mehr und überhaupt, worauf es im Leben ankommt,

nicht durch noch so viel Wissen und Wollen weggewischt, ausradiert werden können.

Diese Ein-Drücke sind ein Teil des „So-Seins" der Praktikantin, wie natürlich jedes Menschen, und als solche zur Kenntnis zu nehmen. Auch wenn mir daran etwas nicht gefällt, kann ich es durch Diskutieren und Argumentieren nicht unwirksam machen.

Alleine die Praktikantin kann sich durch Reflektieren in eine von ihr erwünschte Richtung entwickeln, vorausgesetzt, sie hat sich in ihrer Individualität erkannt und ange-

---

[7] Unbewußt ist hier im herkömmlichen Sinn als eher ungewußt und nicht im analytischen Sinn des Unbewußten zu verstehen.

nommen. Erst dann kann sie sich realistische Ziele setzen. Anleitung gibt es, um dabei zu unterstützen.

Es geht also darum, Wissen – Können – eigene Prägung dergestalt aufeinander zu beziehen, daß die Praktikantin auf dem Weg weiterkommt, zu einer vertrauenswürdigen Berufsperson zu werden, etwa so, wie eine Praktikantin treffend gewünscht hat: „Ich möchte echt sein."

Beispiele für den Einfluß der eigenen Kindheit auf pädagogisches und soziales Verhalten:

1. Beispiel:
Eine Erzieherin erzählt, sie habe nach der Frühstückspause eine Fünfjährige gebeten, ihr beim Aufräumen zu helfen. Das Mädchen weigerte sich und ging in die Puppenecke. Die Erzieherin bat dann ein anderes Mädchen, das ihr half. Als später die Fünfjährige sie ansprach, wandte sie sich ab und tat, als hätte sie das Kind nicht gehört, ließ es einfach links liegen. Ihr selbst ging es nun in ihrer Beziehung zu diesem Kind nicht gut, und so redeten wir darüber, was ihr Unwohlsein bedeuten könnte. Sie erwog das pädagogische Für und Wider ihres Handelns.

Auf einmal veränderte sich ihr Gesichtsausdruck, so daß ich fragte, was jetzt geschehen sei. Ihr sei eingefallen, sagte sie mit bewegter Stimme, daß sie, habe sie sich nicht nach Wunsch der Mutter verhalten, für Stunden in ihr Zimmer verwiesen worden sei. Die Mutter habe währenddessen keine Notiz von ihr genommen. Den Beruf habe sie unter anderem deshalb gewählt, weil sie Kindern in solchen Situationen verständnisvoller begegnen wollte, und jetzt sei sie diesem fünfjährigen Mädchen im Prinzip genauso begegnet. Darüber sei sie tief erschrocken, und sie verstehe nicht, daß ihr das passieren konnte.

2. Beispiel
Er habe vermißt, daß ihm Maßstäbe gegeben worden seien. Seine Eltern seien für eine freie „antiautoritäre Erziehung" gewesen, erinnerte sich ein Erzieher. Das habe ihm bis zu einem gewissen Grad gefallen, vor allem, wenn Spielkameraden sagten, sie müßten erst fragen oder ihren Eltern Bescheid sagen. Als er aber dann nicht einmal in einer Situation, in der er sich ängstigte, auf hilfreiche Grenzen aufmerksam gemacht wurde, kamen ihm Bedenken gegenüber seiner „Freiheit" und „Verselbständigung". Er sprach davon, wie alleingelassen und überfordert er sich gefühlt habe. Er lasse Kinder deshalb nie alleine, mache sie deutlich auf Gefahren aufmerksam und reguliere deren Verhalten durch Konsequenz und Konsequenzen.

Zum Thema wurde dies, weil Kolleginnen ihn als stur und ängstlich bezeichneten und ihm vorwarfen, den Kindern zu wenig Entfaltungsspielraum zu lassen. Bei seinem Erzählen merkte er, daß er aus seiner eigenen Erfahrung pauschal einen Schluß gezogen und versäumt hatte, sich auf die konkrete Situation und die Individualität des Kindes einzustellen.

6. Die berufliche Beziehung zwischen Anleiterin und Praktikantin

Wenn ich von beruflicher Beziehung spreche, ist das eine Einschränkung und zugleich ein Hinweis auf die Art und den Grund der Beziehung. Die Anleiterin wie die Praktikantin sind mit ihren Gedanken, Gefühlen, Handlungen angefragt, die sich aus dem Wechselspiel des Umgangs mit der Aufgabenstellung und den betreffenden Personengruppen ergeben. Ich halte für wünschenswert, daß die berufliche auch eine emotionale Beziehung wird, von Vertrauen geprägt, wie eine private emotionale Beziehung.

Die Einschränkung besteht darin, daß nicht alles, was die Anleiterin und die Praktikantin als Mensch bewegt, in dieser Beziehung eine Rolle zu spielen hat, es sei denn, ein Erlebnis nimmt die eine oder andere so gefangen, daß sie in ihrem beruflichen Handeln eingeengt ist. Ein Sprechen darüber dient dann der Entlastung, um wieder frei für das berufliche Handeln zu werden. Denn auf dieses Ziel hin orientiert zu bleiben ist das Wesentliche in der Beziehung zwischen Anleiterin und Praktikantin.

6.1. Der Einfluß der Gefühle auf die berufliche Beziehung

Verschiedentlich bin ich der Einstellung begegnet, Gefühle von Kindern, Jugendlichen oder anderen Zielpersonen seien ernst zu nehmen, aber die eigenen gehörten in den Privatsektor, also auch nicht in die Anleitungsbeziehung. Auf der Seite der Anleiterin konnte das heißen:

„Wenn die Praktikantin den Anforderungen gerecht wird, ist das in Ordnung. Was hat meine Wahrnehmung dessen damit zu tun, ob ich sie mag oder nicht."

„Wenn ich mit ihr nicht zufrieden sein kann, sage ich ihr das, und sie hat sich danach zu richten. Schließlich geht es ja um ihr Lernen, was hat das mit Gefühlen zu tun?"

„Wenn ich mich ärgere über sie, bleibe ich trotzdem sachlich und halte meinen Ärger zurück."

Aus der Sicht der Praktikantin kann das heißen:

„Ich spüre, die Anleiterin mag mich nicht, sonst würde sie nicht so an mir herummeckern."

„Ich bin zwar unsicher, aber das darf ich nicht merken lassen. Sicheres Auftreten sei besonders wichtig, sagte man uns in der Schule."

„Ich ärgere mich, weil ich nur Hilfsdienste verrichten darf, aber ich bleibe freundlich und sage nichts, sonst wirkt sich das in meiner Beurteilung aus."

Die Reihe von Beispielen ließe sich fortsetzen. Es gab eine Zeit, in der lebte ich nach dem Satz „...und wie's da drinnen aussieht, geht keinen was an", und ich war stolz darauf, daß es mir gelang. Obwohl ich mich zur selben Zeit einsam und unverstanden fühlte, erkannte ich nicht, daß dies der Preis war, den ich für das Verbergen meiner Gefühle zahlte. Durch Watzlawicks „Menschliche Kommunikation" begriff ich, daß jede Kommunikation einen Inhalts- und einen Beziehungsaspekt hat, einen Sach- und einen Gefühlsanteil, ob ich mir dessen bewußt bin oder nicht. Mehr noch traf mich die Aussage, daß in der Regel in einer Mitteilung der Gefühlsanteil stärker beeinflußt als der Sachanteil.

Danach begann ich zu beobachten, erst meine Gesprächspartner, und später mich selbst. Wie klingt die Stimme, welcher Gesichtsausdruck begleitet die Worte, welche Gestik und Bewegung sollen das Gesagte unterstreichen? Ich nahm viel mehr auf als das gesprochene Wort. Die nonverbalen Begleitaussagen, wurden sie nicht benannt, regten meine Phantasie an. Was ich mir zusammenreimte, konnte stimmen, konnte aber auch ganz verkehrt sein.

Wieder ein Beispiel:
Eine Anleiterin ärgert sich, weil die Praktikantin, auf eine Beschäftigung mit einer Kleingruppe schlecht vorbereitet, sie ständig mit Fra-

gen stört. Sachlich, wie sie glaubt zu sein, sagt sie nach der Beschäftigung zur Praktikantin, sie müßte sich darüber klar sein, daß eine gute Vorbereitung wesentlich zum Gelingen einer Beschäftigung beitrage. Dabei sitzt sie der Praktikantin etwas steif gegenüber und gibt der Stimme einen strengen Klang. Ihr Gesichtsausdruck zeigt nicht gerade Gesprächsbereitschaft. Die Praktikantin schließt aus diesem „sachlichen" Hinweis: „Die mag mich nicht."

Hätte die Anleiterin das, was sie empfunden hatte, etwa wie folgt benannt: „Ich habe mich vorhin über Sie geärgert, als Sie immer fragen kamen, ich war jedesmal gestört", und wäre dann fortgefahren „...und im übrigen trägt eine gute Vorbereitung wesentlich zum Gelingen einer Beschäftigung bei", wäre die Praktikantin nicht zum Phantasieren veranlaßt worden. Sie hätte konkret gewußt, worum es ging und sich außerdem diese allgemeine Feststellung (Kränkung): „Sie mag mich nicht" erspart.

Meine Überlegungen gingen weiter. Wenn also ich mich täuschen und meine Gesprächspartnerin fehlinterpretieren kann – weil der emotionale Teil unausgesprochen blieb –, kann es umgekehrt mir passieren, daß ich fehlinterpretiert werde, wenn ich meinen Gefühlen keinen Raum gebe. In der Folge begleiteten mich „Aha-Erlebnisse". Eine Wurzel von Mißverständnissen, Gekränktfühlen und Konflikten in mir und mit anderen bekam ich zu fassen.

Was war zu tun? Meine Gefühle wollte ich nicht „zur Schau tragen". Mißdeutet wollte ich auch nicht werden. Daß zum Menschen Kopf, Herz und Hand gehören, war mir klar. Mein erster Schritt war wohl die Entscheidung, mit allen Fasern meines Seins in die Begegnung mit anderen Menschen mich einzulassen. Über meinen Verstand und mein Können war ich nicht mehr so unwissend wie über meine Gefühle. Nachdem ich erkannt hatte, wie stark Gefühle ohne bewußtes Zutun das Zusammenleben bestimmen, wurde ich auf mich neugierig. Ich ließ mir Zeit und entdeckte erst einmal, was ich so spüre in mir: Ist das Ärger? Bin ich traurig? Verletzt? Gekränkt? Fühle ich mich überfordert? Spüre ich Unsicherheit, und bin ich ängstlich? Freue ich mich über eine Anerkennung? Bin ich neidisch? Empfinde ich Sympathie? Ist mir mein Gegenüber unsympathisch? Bin ich wütend?

Nachdem ich das Stadium Gefühle zulassen, spüren, ihnen in mir Raum geben und für mich benennen ausgekostet

hatte, begann ich bewußt, anderen meine Gefühle zu zeigen
oder mitzuteilen. Ich verstand meine eigenen Gefühle besser
und war ihnen nicht mehr ausgeliefert. Die Angst, unangemessen zu reagieren, verlor ich weitgehend, und ich konnte
mehr zu meiner neuen Art zu reagieren stehen. Erstaunt war
ich, daß ich mich selbst viel echter und lebendiger empfand.

Sehr neugierig war ich natürlich, wie wohl die Menschen,
die mich kannten, auf diese, wie ich dachte, neue Seite von
mir reagieren würden. Sie reagierten wie vorher auf das, was
ich ihnen von mir mitteilte und zeigte. Die Gespräche wurden eindeutiger und tiefer.

Ich beschreibe das heute so: In dem Maße, in dem ich mir
über das, was in mir vorgeht, bewußt werde und anderen davon Kenntnis gebe im Rahmen des augenblicklichen Geschehens, um so weniger nehme ich dem anderen von seiner
Zeit und emotionalen Kraft. Er braucht sie nicht, um über
meine Äußerungen zu phantasieren, und ist seinerseits frei,
sich über sich klar zu werden. Was er davon mitteilt, ist seine
Sache. Will ich mehr wissen, frage ich ihn. Ich bin auch bereit, mich befragen zu lassen. Ob er darauf antworten wird,
entscheidet jeweils der Befragte.

Mit dem Beschriebenen möchte ich die einen ermutigen,
zu ihren Gefühlen zu stehen, und die anderen darin bestätigen.

Ich gehörte zu denen, die Ermutigung brauchten. Ermutigung, trotz gelegentlichen Stolperns dran zu bleiben, bis es
spontan und wieder selbstverständlich gelang. Als Kind hatte ich es ja gekonnt. Es hat damals wohl Gründe gegeben, die
mich gelehrt haben, Gefühle nicht spontan zu zeigen.

Entscheidend war für mich das Beispiel, daß Menschen,
die sich den Fuß gebrochen hatten, bis dahin laufen konnten, es aber nach der Heilung wieder mühsam lernen mußten.

Der Umgang mit eigenen und fremden Gefühlen bleibt
jedoch nicht auf die beruflichen Beziehungen beschränkt.
Weil sie in den Lebensvollzug jedes Menschen gehören, ist
es so schwierig, den fachlichen Anspruch zu begründen und
herauszufiltern. Und trotzdem, sozialpädagogisches Handeln und Verstehen hat sehr viel mit Gefühlen zu tun, und
deshalb betrachte ich die berufliche Beziehung zwischen

Anleiterin und Praktikantin als Übungsfeld, das ohne Gefährdung für die Zukunft (d.h. für die Qualifikation von beiden) genutzt werden sollte.

6.2. Un„ge"wußte Mitgestalter der Beziehung

Die meisten unserer Verhaltens- und Reaktionsweisen sind bekanntermaßen in der Kindheit gebildet worden und wie in eine Münze geprägt. Es gab ein ganz bestimmtes Kommunikationsmuster in der Familie, das den Erhalt der Familienstruktur gewährleistete und die je eigene Existenz sicherte.

Dabei gehe ich davon aus, daß jeder von uns als Kind Verhaltensweisen entwickelt hat, um zu lebensnotwendiger Nahrung und Zuwendung zu kommen. Viele dieser Verhaltensmuster benötigen wir heute nicht mehr. Die existentielle Abhängigkeit von Nahrung und Zuneigung durch die Eltern ist der Selbstverantwortung des Erwachsenen gewichen. Trotzdem hängen uns heute noch Verhaltensmuster an, die in unserm Denken keinen Eingang gefunden haben und, wie in verschiedenen Beispielen beschrieben, störend in unser Erwachsensein hineinfunken.

Für das, was in mein Bewußtsein tritt, kann ich Verantwortung übernehmen und es auf seine Gültigkeit hin in konkreteren Situationen überprüfen. Ohne Austausch mit anderen ist das schwer. Bei jenen übrigens, die in sozialen Berufen mit Menschen zu tun haben, halte ich das für einen notwendigen Aspekt professionellen Handelns. Besonders erschwerend sind schmerzliche, nicht verarbeitete, affektive Erlebnisse aus der Kindheit, die sich, ausgelöst durch aktuelle Ereignisse, zur Wieder-Holung drängen.

Nach meiner Erfahrung sind selbst rechtlich gesicherte und im Anstellungs- oder Lehr-/Lernverhältnis legitimierte Abhängigkeitsverhältnisse von Erwachsenen prädestiniert für die Wieder-Holung von Kindheitsgefühlen. Die Anleitungsbeziehung ist davon nicht ausgeschlossen. Anhand einiger Beispiele führe ich das aus.

1. Beispiel

„Wenn mich die Anleiterin auf einen Fehler aufmerksam macht, reagiere ich wie als Kind bei meiner Mutter, die immer, wenn ich etwas

nicht gleich ‚richtig' machte, sagte: ‚Stell dich nicht so dumm an.' Ich
führte mich entweder auf oder überließ – mich gekränkt in einen
Schmollwinkel zurückziehend – der Mutter die Sache. Ich fühle
mich heute genauso dumm und klein wie damals."

Das ist ein Beispiel an erinnerte Gefühle aus der Kind-Mut-
ter-Beziehung. Ist eine Praktikantin in der Lage, dieses Erinnern der Anleiterin mitzuteilen, ist es der Anleiterin ermög-
licht,

a) nachzufragen, was in den Situationen es ist, das sie an die
   Mutter erinnert oder eben an vergangene Erlebnisse, und
b) ihr den Unterschied aufzuzeigen vom Benennen eines
   konkreten Fehlers zu der allgemeinen Behauptung: „Du
   bist dumm",
c) am konkreten Fall mit der Praktikantin alternative Vorgehensweisen zu überdenken.

Wird die Anleiterin aber nur mit dem Verhalten, also der Reaktion der Praktikantin konfrontiert, nämlich daß die Praktikantin sich in der Situation unangemessen gekränkt vertei-
digt oder eine resignierende Haltung einnimmt: „Ich bin halt
so dumm", dann ist die Anleiterin in großer Gefahr, aus der
beruflichen Beziehung auszuklinken. Das kann so aussehen,
daß sie entweder immer mehr den Fehler deutlich machen
möchte und, wegen der Uneinsichtigkeit der Praktikantin
ärgerlich, das Gespräch abbricht (und zugleich das Muster
der Praktikantin bestätigt, „ich bin eben doch dumm"), oder
indem sie die Praktikantin zu trösten beginnt, es sei doch
nicht so schlimm und sie sei nicht dumm (das Muster bestätigt „endlich versteht jemand, daß ich klein bin und nicht
alles wissen kann"). Damit versäumt sie, an der konkreten
Sache weiter zu arbeiten, da ja die Praktikantin wieder beru-
higt ist. Die Anleiterin bewegt sich in der Position einer be-
lehrenden oder tröstenden Mutter (Gegenübertragung).

   So gingen solche Situationen in der Kindheit der Praktikantin immer aus. Sie wurde bestätigt und hat kein neues
Muster, mit Fehlern umzugehen, gelernt. Und genau das
wäre ein Ziel von Anleitung und Sinn der beruflichen Beziehung. Die Praktikantin übertrug aus ihrer Kindheit Gefühle
in die Praktikantinnenstellung, und die Anleiterin übernahm
im letzten Teil die unbewußt von der Praktikantin angepeil-

te Rolle der Mutter. In diese Falle tappt eine Anleiterin aber nur, wenn sie übergeht, was sie in sich spürt und empfindet bei der Reaktion der Praktikantin.

Ich versuche nachzuspüren, wie es mir in der Situation der Anleiterin ginge:

Mich beschleicht Befremden, wie: „Was soll das jetzt, ich habe sie doch nicht angegriffen oder klein gemacht!?" Ich ärgere mich über ihren Verteidigungston. Ich fühle mich mißdeutet. In Sekundenschnelle läuft das in mir ab, und es drängt mich, etwas zu sagen.

Bevor der Wagen den Berg hinunterrollt und ich unüberlegt reagiere, bedenke ich, was da zu sagen wäre. Ich würde ihr etwas von dem sagen, was in mir vorgeht: „Ich fühle mich im Moment mißverstanden und bin ganz befremdet von deiner Verteidigung" und würde fortfahren: „Laß uns doch noch einmal ansehen, was ich zu dir gesagt habe und suchen, an welcher Stelle du in diese Verteidigungshaltung gekommen bist." Ich weiß, daß die Gefahr für mich noch nicht ausgestanden ist, solange ich den Punkt nicht entdeckt habe, an dem unsere Situation sich von jener, derer sie sich erinnert, unterscheidet.

Es geht nun nicht darum, wie etwa in Therapie oder zunächst noch in der Supervision bei den Erinnerungen zu bleiben, sondern sie als Unterscheidung zur gegenwärtigen Situation beiseite zu legen, um an dem konkreten Fehler weiter zu arbeiten. Ich bin davon überzeugt, daß durch solch einen Prozeß die berufliche Beziehung reift und die Praktikantin sowohl in ihrem pädagogischen Handeln, als auch im Annehmen von Kritik einen Schritt auf mehr Flexibilität hin tut und einen Zugewinn an Selbstsicherheit hat.

2. Beispiel

„Ich habe zur Zeit einen neuen Praktikanten, mit dem könnte ich dauernd streiten. Zu unseren Aufgaben gehört es nun mal, Geschirr vom Vesper der Kinder zu spülen und Spielsachen und Möbel sauber zu halten. Er tut keinen Handgriff. In der Ausbildungsstätte, so behauptet er, sei ihnen nahegelegt worden, sich nicht für hauswirtschaftliche Arbeiten einspannen zu lassen", und später fügte sie hinzu, das kenne sie schon von ihrem Bruder, der habe mit seinen Ausreden immer Erfolg gehabt, und sie sei am Ende diejenige gewesen, die alles machen mußte.

Die Falle schnappte zu. Die, wie sie glaubte, „Wieder-Holung" der Situation war noch so affektiv beladen, daß sie lange nicht in der Lage war, fachlich zu argumentieren. Sie verglich ihre Geschwisterposition mit der Anleitungsposition. Das hatte sie aber nicht erkannt. Gefühle von Ausgenützt-Werden, Gekränkt-Sein, Ungerecht-behandelt-Werden, In-eine-Rolle-gedrängt-Werden kamen in ihr hoch. Auch Ärger über sich selbst, über die eigene Unfähigkeit, sich nicht so clever aus der Affäre ziehen zu können, wie der Bruder es tat. So etwas sollte ihr in ihrem Leben nicht mehr passieren, und jetzt dieser Praktikant. Er bekam ab, was sie an Kindheitserbe mitgeschleppt hat und den Zorn auf die Ausbildungsstätte, die in ihren Augen so wenig von der Praxis verstand.

Bei einem Gespräch machte sie ihrem Herzen Luft. Der Praktikant war nicht dabei, denn die Streitgespräche mit ihm schienen ihr – zu Recht – sinnlos. Sie wollte eine neue Methode erfahren, den Praktikanten zu einer Verhaltensänderung zu bewegen. Es blieb nicht bei einem Gespräch, das Thema Geschwisterneid war nicht das einzige, und das andere, nämlich das Rollenverständnis von Mann und Frau, besaß für sie in der Zusammenarbeit mit Kollegen Aktualität.

Eines Tages aber berichtete sie sehr erleichtert von der Klärung mit dem Praktikanten. Es sei gar nicht so schwierig gewesen, sie hätten gemeinsam den Aufgabenkatalog für ihre Stelle durchgelesen und abgesprochen, wer wann welche Arbeiten, auch hauswirtschaftliche, übernimmt. Sie hätten einen Zeitpunkt festgelegt, zu dem sie darüber reden, wie es ihnen mit ihren Aufgaben gehe. Fazit: Sie hat durch die Klärung ihrer Aggressionen ihre Einstellung gebenüber dem Praktikanten verändert, ihn aus der Bruderrolle entlassen und damit ihm eröffnet, als potentieller Kollege sich mit allen anstehenden Arbeiten auseinanderzusetzen.

Jetzt erst wurde eine berufliche Beziehung aufgebaut. Selbst mit der Ausbildungsstätte kam sie ins reine, als ihr die Praxisbetreuerin die Gründe für ihre Warnung nannte. Praktikanten/innen würden manchmal unverhältnismäßig viel zu Arbeiten veranlaßt, die im Ausbildungsplan einen den pädagogischen Aufgaben nachgeordneten Platz einnähmen.

3. Beispiel

„Ich blickte auf, als ich ein Kind laut aufschreien hörte. Die Praktikantin schüttelte einen Jungen an den Schultern und schrie ihn an. Es war ein zarter Junge, und er tat mir leid. So ging ich schnell hin und griff ein. Den Jungen zog ich schützend an mich, und die Praktikantin wies ich – vor allen Kindern – zurecht, so ginge es ja wohl nicht. Ich selbst war beim Erzählen eines Märchens, und das fand ein jähes Ende. Im nachhinein frage ich mich, weshalb ich mich derart eingemischt habe."

Das war die Schilderung einer Anleiterin, die sich von der ganzen Aufregung sehr angegriffen zeigte. Zudem könne sie zur Zeit der Praktikantin Beschäftigungen mit Kleingruppen nicht auftragen, weil die Kinder nicht mehr zu motivieren seien, mit „der" was zu machen. Die Kinder kämen dauernd gelaufen und beschwerten sich über die Praktikantin. Die ganze Sache sei völlig verfahren.

So schien es mir im Moment auch. Wir waren beide ratlos.

Für sie wäre es vom Verstand her keine Frage, wie sie als Anleiterin sich hätte verhalten sollen, sie könne sich nur wundern, wie unüberlegt sie reagiert hätte. Nach einer Weile, als sie ruhiger geworden war, begann sie zu erzählen, sie sähe ihre kleine Schwester vor sich, sie hätten mit anderen Kindern im Sandkasten gespielt. Ihre Schwester mit ihren zwei Jahren sei einem größeren Kind versehentlich auf seine Burg getreten, die dabei einfiel. Das größere Kind packte wütend das Schwesterchen an der Schulter und stieß es so unglücklich weg, daß es sich eine Platzwunde an der Stirn zuzog und stark blutete. Sie, als die drei Jahre ältere, sollte aufgepaßt haben.

Den Schrecken, die Schwester damals nicht geschützt zu haben, könne sie nicht vergessen. Sie war bewegt und weinte. Das war gut.

Ihr Blick wurde durch die Tränen wieder scharf. Sie sah, daß sie der Beziehung der Praktikantin zu den Kindern erheblich geschadet hatte und daß sie sich dem Buben gegenüber als rettende und der Praktikantin gegenüber als richtende Instanz zu stark ins Gewicht geworfen hatte.

Dieses Ereignis bedurfte einer gründlichen und ehrlichen Aufarbeitung bis zu dem kritischen Punkt, an dem die Praktikantin so heftig mit dem Jungen umging. Wäre das nicht geschehen, hätte in der beruflichen Beziehung eine vertrauensvolle Zusammenarbeit kaum noch eine Chance gehabt, und die Praktikantin wäre in ihrem Lernen steckengeblieben.

Erklärung zu den Beispielen

Welche Gemeinsamkeiten fallen in den drei Beispielen auf?

1. Am stärksten fällt die Rückbesinnung zu einem Erlebnis in der Kindheit auf.
2. Es handelte sich um nahestehende Personen, in diesen Fällen um Familienangehörige.
3. Ich vermute, daß jedesmal die existentielle Abhängigkeit, damals als Kind von den Eltern, eine Rolle spielte. Im ersten Beispiel mit der Mutter ist das klar. Im zweiten Beispiel liegt nahe, daß die Wut auf die Eltern, die den Bruder begünstigten, zu angstvoll besetzt war, um sie zu diesem Zeitpunkt rauszulassen. Im dritten Beispiel, denke ich, wirkte einmal bereits die Gewissensbildung im Sinne von Sich-schuldig-Fühlen und zum anderen die Angst, von den Eltern Vorwürfe zu bekommen.
4. Mir scheint, die schmerzenden Gefühle sind deshalb bei den heute erwachsenen Menschen mit solcher Wucht noch einmal lebendig geworden, weil sie damals, warum auch immer, nicht zur Befreiung kamen.
5. Die in das Bewußtsein getretenen Gefühlserfahrungen erhielten den Auslöser durch partielle Ähnlichkeiten mit der damaligen Situation.
6. Und sie stammten aus Zweierbeziehungen, in denen existentiell emotionale Abhängigkeit bestand.

Allein die Abhängigkeit, in der sich die Praktikantin der Anleiterin gegenüber befindet, kann kindliche Gefühle wachrufen und den Blick für die berufliche Realität trüben. Ihr kann entgleiten, daß sie ja nur für „begrenzte" Zeit und anfänglich mehr, später geringer, mit der Seite ihrer Person abhängig ist, die ihre Qualifizierung im Beruf betrifft, also nicht in ihren persönlichen Umständen im Privatbereich. Es besteht eine gegenseitige Abhängigkeit von Anerkennung, Akzeptanz, ernst und wahrgenommen werden innerhalb der Zusammenarbeit. Deshalb ist auch eine Anleiterin nicht vor Übertragung gefeit.

    Jedoch, wenn sie nicht einen Veränderungsbedarf bei sich findet, wird sie hilfreich für die Praktikantin sein, wenn sie ihr verstehend begegnet und sie auf ihrem Weg zu sich selbst begleitet. Wieder ist diese Beziehung Lernfeld und auf Wohlwollen und gegenseitiges Vertrauen angewiesen.

6.3. Supervision

Gerade an dieser Stelle habe ich das Bedürfnis, eine Verbindung zum Wert von Supervision für Anleitung herzustellen. Supervision ist u.a. klärende Unterstützung in beruflichen Beziehungsfragen.

Im Gegensatz zu anderen Fachleuten bin ich nicht der Auffassung, Anleitung müsse z.B. Übertragungen (ohne Unterstützung) erkennen und damit fachlich umgehen können. Dafür gibt es analytisch ausgebildete Berater/innen. Erzieherinnen und Sozialpädagoginnen sind das in der Regel gar nicht oder zu wenig.

Von Übertragung zu wissen und daraus gespeistes Verhalten in Betracht zu ziehen, ist noch nicht üblich. Diejenigen, die aber davon wissen, macht es oft hilflos. Eine beratende Unterstützung in Form von Supervision halte ich für notwendig und die Qualität von Anleitung fördernd. Ziel von Supervision wäre u.a. die Zufriedenheit mit dem eigenen beruflichen Handeln und die Befähigung zum je sinnvollsten fachlichen und natürlichen Umgang mit Zielpersonen und Gruppen, also auch mit Praktikantinnen.

1. Der Forderung mancher Fachhochschulen für Sozialpädagogik, *Praktikantinnen Supervision* als Teil ihres Praktikums zu verordnen, setze ich große Bedenken entgegen, die ich anschließend ausführen werde.

In einer Arbeitsgruppe, in der sich Fachleute aus Theorie und Praxis trafen, stellte man sich die Aufgabe, herauszufinden, in welcher Weise im Unterricht und in der Praxisstelle unter Berücksichtigung der Individualität der Studierenden persönlichkeitsbildende Aspekte geboten werden können. Theorie und Methodenvermittlung und deren Anwendung in der Praxis reichen nicht aus in der Ausbildung von Fachkräften, die beruflich mit Menschen umgehen werden. Haltungen, Einstellungen und Ansprüche an die Persönlichkeit seien nicht lehrbar. Wie können sie dennoch erworben werden?

Es fanden sich je fünf Praktikantinnen, Praxisanleiterinnen und Praxisbetreuerinnen bereit, ein Anerkennungsjahr hindurch mit einem begleitenden Fachteam das Modell durchzuführen[8]. Als eine aus dem Fachteam war ich dafür, den Praktikantinnen zusätzliche Gruppensupervision anzubieten, die sie auch gern annahmen. Die Anleiterinnen, die keine Neulinge mehr waren, hatten extra dazu keine Supervision, was ich nachträglich bedauere. Die Auswertung des Modells, wie zweckvoll Supervision in diesem Ausbildungsstadium gewesen sei, führte eher zu der Meinung, Supervision für Praktikantinnen nicht für angebracht zu halten.

Ich ziehe daraus und aus den eigenen Erfahrungen die Schlußfolgerung:

a) Je besser die Anleitung, um so geringer das Bedürfnis nach Supervision.

b) Zeitaufwand und Wirkung stehen in keinem Verhältnis.
- Alle vierzehn Tage zwei Stunden Gruppensupervision, zu der sich die Praktikantinnen bei einer Supervisorin trafen (mit unterschiedlich langen Fahrzeiten).
- Supervision fände selbstverständlich in der Dienstzeit statt.
- Vor- und Nachberichte sind zu schreiben.

Die Zeit für die unmittelbare Beschäftigung mit und für die Zielgruppe ist sowieso insgesamt relativ kurz durch
- die verkürzte Arbeitszeit,
- die regelmäßigen wöchentlichen Anleitungsgespräche,
- die Zeiten für das Berichteschreiben, das von den Ausbildungsstätten während der Dienstzeit gefordert wird,
- die Abwesenheit während der Studientage.

Jede Abwesenheit verzögert und unterbricht das gewünschte kontinuierliche Praktizieren.

c) Praktikantinnen geraten in Dreiecksverhältnisse, die mich an ein Eltern-Kind-Verhältnis erinnern. Sie stehen zwischen Anleiterin und Supervisorin sowie Anleiterin und Praxisbetreuerin, wobei zwischen den ersteren vermutlich kein Vertrag besteht, also keine Absprachen. Mit wem hat die Praktikantin was, wie intensiv und vertrauensvoll zu besprechen?

---

[8] Mehr über dieses Modell kann bei dem Diakonischen Werk der ev.-luth. Kirche in Bayern, Abteilung Erziehung und Bildung erfragt werden.

Sie hätte gute Fluchtmöglichkeiten, dringend Notwendiges nicht zu überdenken. Es gibt schließlich auch heiße Eisen in der Entwicklung zur Berufsperson.

Jemand hat einmal gesagt, ihm seien mehrere Termine zur gleichen Zeit gar nicht unrecht, damit habe er Begründungen, überall abzusagen. Nicht empfehlenswert, aber denkbar. Im Extremfall könnte die Praktikantin alles mit allen oder für sie Bedeutsames mit keiner bearbeiten.

Ich halte eine Praktikantin entschieden für überfordert,

– sich zu diesem Zeitpunkt in dem hohen Maße professioneller Reflexion aussetzen zu sollen;
– ihren eigenen Loyalitätsansprüchen gerecht werden zu können. Sie hätte auf die berechtigten Beziehungswünsche von Anleiterin, Supervisorin und Praxisbetreuerin einzugehen und abzuschätzen, welches Interesse jede von ihnen an ihrer Person und ihrem Lernen hat.

Um der Praktikantin einen Loyalitätskonflikt zu ersparen, müßten die anderen drei die Inhalte und die Form ihres Begleitens enorm abgrenzen und besprechen. Das halte ich aus verschiedenen Gründen für unrealistisch.

Daß sich Anleiterinnen gegenüber Praxisbetreuerinnen oft unterlegen fühlen, ist bekannt. Konkurrenzgefühle gegenüber der u.U. ihr bekannten Supervisorin schließe ich keineswegs aus. Vielmehr halte ich für menschlich, erfährt sie durch die Praktikantin von dem akzeptierenden Klima in der Supervision, daß sie sich unwichtiger und gekränkt fühlt. Denn sie, so wird sie argumentieren, kann nicht nur verstehen und Entwicklungshilfe leisten, sie ist verpflichtet, Forderungen zu stellen und zu beurteilen. Andererseits, so weiß ich von Anleiterinnen, belastet manche Neid, weil sich der Praktikantin so viele Personen helfend zuwenden. Und wer wendet sich ihr helfend zu? Ihre berufliche Beziehung zu der Praktikantin wird unnötig belastet und die Qualität von Anleitung erheblich beeinträchtigt.

Im übrigen war es aufschlußreich für mich, Praktikantinnen zu erleben, deren Anleiterinnen Supervision jetzt oder früher hatten. Die Praktikantinnen äußerten sich zufriedener über ihre Anleitung, deren konkretes Feedback, deren

Vermögen, eine verfahrene Situation transparent und damit lösbar zu machen, deren Bereitschaft, sich selbst reflektierend mit einzubeziehen und zu eigenen Fehlern zu stehen. Die von ihr nicht verlangten, als fertige Erzieherin, sondern als lernbereite Mitarbeiterin sich einzusetzen.

Einen erwähnenswerten Unterschied bei Anleiterinnen empfand ich selbst in ihrem Umgang mit Erwartungen. Die ohne Supervisionserfahrung hegten mehr stille Erwartungen, die häufig zu moralischem Druck und Verunsicherung bei Praktikantinnen führten. Die mit Supervisionserfahrung waren eher in der Lage, ihre Erwartungen zu verdeutlichen, was den Praktikantinnen ermöglichte, Stellung dazu zu beziehen, Erwartungen zu erfüllen oder nicht zu erfüllen.

2. *Supervision für Anleiterinnen* wird nach dem bisher Gesagten m.E. zu einer nicht mehr von der Hand zu weisenden Folgerung:

Die Tatsache, daß noch keine obligatorische berufsbegleitende Fortbildung für Anleitung besteht und Anleitung nur selten in Stellenbeschreibungen weder vom Zeitaufwand noch von der tariflichen Einstufung her berücksichtigt ist, unterstreicht die Forderung nach Supervision.

Zumindest die ersten Anleitungen sollten unter Begleitung durch Supervision geschehen. Ist eine Erzieherin oder Sozialpädagogin über Jahre an der Ausbildung beteiligt, empfiehlt es sich, wieder einmal auf Supervision für Anleitung zurückzugreifen. Ohne Scheu sollte sich eine Anleiterin darum bemühen, denn sie als die zuständige Fachkraft ist schließlich für die Zeit des Praktikums die wichtigste berufliche Bezugsperson und mitverantwortlich für das Lernen der Praktikantin.

Sie ist wesentlich an der Ausbildung von Nachwuchs beteiligt. In der Anfangszeit ist sie, ob bewußt oder unbewußt, für die Praktikantin das Modell. So wie sie es macht, erscheint es der Praktikantin als Norm. Ihre Haltungen und Einstellungen wirken prägend. Das macht deutlich, wie wichtig für die Anleiterin die Kenntnis „über sich selbst" ist, über das, was sie durch ihre Normen, Haltungen, Einstellungen, Verhaltensweisen bewirkt. Das „Zu-sich-Stehen" im Wahrnehmen eigener Gefühle, Stärken und Schwächen, ihrer persönlichen Wirkung im Berufsfeld mit all ihren Eigenheiten und Fähigkeiten, ist eine Aufgabe, die Mühe kostet und alleine kaum zu bewältigen ist.

Doch wird das häufig vor allem durch die Leitung, aber auch durch andere bei denen, die Anleitung machen, stillschweigend vorausgesetzt. Von ihnen wird erwartet, im Laufe ihrer Anleitungstätigkeit psychische Phänomene zunehmend besser zu erkennen. Den eigenen Führungs- und Erziehungsstil transparent zu machen und Praktikantinnen in der Beurteilung gerecht zu werden. Vergleichsweise fallen mir Lehrkräfte ein, die ich zwar gerne hatte und die über viel Wissen verfügten, denen aber die Lehrfähigkeit fehlte. Sie konnten das nicht vermitteln, was die Schüler begreifen sollten. Hatten sie Lehren gelernt?

Supervision für Anleiterinnen, und das kann ich aus vielen Prozessen bestätigen, birgt die Chance, sich auszuwirken wie ein Stein, der ins Wasser geworfen Kreise zieht. Wenn die Anleiterin erlebt:

● von einem ihr zugewandten, akzeptierenden Gegenüber auf dem Weg zu sich selbst begleitet worden zu sein;
● Unterstützung erhalten zu haben im Verstehen ihr bedenkenswert erscheinender Vorgänge, ohne Bewertung;
● erstaunt herausgefunden zu haben, welche ihrer Persönlichkeitsanteile und unbewußten Beweggründe mitgewirkt haben, den Vorgang so zu gestalten, wie er eben war;
● aus dem Teufelskreis „immer ich soll nachgeben" ausbrechen zu können mit der gewonnenen Hoffnung, tatsächlich in ihrer nächsten Umgebung etwas verändern zu können allein dadurch, daß sie sich und anderen verstehbarer geworden ist,

wird sie in den meisten Fällen fähig, Praktikantinnen akzeptierend zu begegnen. Sie kann aus sich kommende, der Praktikantin aber unangemessene Ansprüche erkennen und aufgeben und dadurch an dem individuellen Lernstadium der Praktikantin ansetzen. Sie muß sich gar nicht mehr belastend anstrengen, um sich mit der Praktikantin auf einen Lernprozeß einzulassen. Selbst das Beurteilen verliert an Schrecken.

Die Kreise ziehen weiter zu den Menschen, denen das berufliche Handeln gilt, bis hinein in die Privatsphäre.

Für viele ist es ein sehr schwieriges Unterfangen, sich
selbst derartig wichtig zu nehmen, sind sie doch angetreten,
für andere da zu sein.

Ich hoffe, es ist mir gelungen, Bedenken dieser Art zu zer-
streuen und aufzuzeigen, daß die Person der Anleiterin ihr
wichtigstes Instrument in der Anleitung ist. Daß es Gewinn
bringt, dieses Instrument sicher und bewußt einzusetzen.
Das erfordert allerdings, es gut zu kennen, mit ihm vertraut
zu sein und es zu mögen. Sich selbst zuzugestehen, liebens-
wert und in Ordnung zu sein, sich selbst zu bestimmen –
meine ich.

Dieses Kapitel der beruflichen Beziehung zwischen Anleiterin und Praktikantin lag mir besonders am Herzen. Es zeigt
auf, daß das Gelingen der Beziehung von beiden abhängig
und unmittelbar mit der Beziehung zu sich selbst im Zusammenhang steht.

Der Vorsprung, den die Anleiterin hat, ist der Abstand,
den sie braucht, um die Praktikantin in ihrem Lernen beobachten, unterstützen und beurteilen zu können.

Wie kommt eine Kindertagesstätte oder eine andere soziale Einrichtung dazu, Praktikantinnen aufzunehmen?

Bevor eine Einrichtung sich bereit erklärt, Praktikantinnen anzuleiten, bedarf es verschiedener Abklärungen. Mein Erfahrungsgebiet liegt vorwiegend in der Jugendhilfe, d.h. in Heimen. Deshalb möchte ich auf den Prozeß, den wir da gemacht haben, eingehen und damit anregen, Parallelen zu Kindertagesstätten zu ziehen, aber auch sich der Unterschiede bewußt zu werden.

Ich denke, jede Leserin findet sich an einer Stelle des Prozesses wieder. Nicht jede steht mehr am Anfang, und nicht jede hat ihre für sie letztgültige Form gefunden. In Betracht zu ziehen sind organisatorische, methodische, inhaltliche Fragen.

1. Hinführung

Wie anfangs bereits erwähnt, wurde ich persönlich von einer Ausbildungsstätte gefragt, ob ich bereit wäre, Praktikantinnen aufzunehmen. Wie es mir mit der Entscheidung ging, habe ich bereits beschrieben. Es zeigte sich, daß auch andere Kolleginnen offen für Praktikantinnen wären unter der Bedingung, selbst Unterstützung in der Anleitung zu erhalten.

Meine Überlegungen und Fragen brachte ich mit der Leitung und dem Träger ins Gespräch.

Wir hatten Erzieherinnenmangel, da war das Angebot von Praktikantinnen verlockend.

Wir hatten große finanzielle Belastungen durch Zinsen und Tilgung des Neubaus. Wer hätte da nicht nach billigeren

Arbeitskräften gegriffen. Damals erhielten Praktikantinnen nur ein Taschengeld.

Für die langjährigen Mitarbeiterinnen bot sich die Chance, mit neuen Theorien und Methoden in Berührung zu kommen.

Andererseits lief die Arbeit relativ ruhig, bedingt durch langjährige Mitarbeiterinnen, die sich mit dem Heim identifizierten. Sollte man sich da einer Beunruhigung durch jüngere, neu ausgebildete Menschen aussetzen?

Wäre es nicht ein Schuß nach hinten, wenn wir glaubten, unseren Erzieherinnenmangel durch Praktikantinnen ausgleichen zu können?

Sagen wir zu, übernehmen wir Verantwortung für eine neue Generation von Erzieherinnen. Sahen wir uns dazu in der Lage, und wollten wir das?

● Träger und Leitung befürworteten unter den Aspekten Mitarbeiterinnengewinnung und Einflußnahme auf die Ausbildung von Erzieherinnen die Aufnahme von Praktikantinnen und damit die Zusammenarbeit mit den Ausbildungsstätten.

● In meinen Dienstauftrag wurde sowohl Anleitung als auch Anleitung für Anleiterinnen aufgenommen. Ich hatte eine gruppenübergreifende Position.

● Den Erzieherinnen wurde Zeit für Anleitung eingeräumt, die sie selbst je nach Arbeitssituation einplanen konnten.

Wir kamen gemeinsam zu dem Ergebnis, Mitverantwortung in der Ausbildung übernehmen zu wollen. Wir erkannten die dringende Aufgabe, als Fachkräfte an der Basis zu unverzichtbaren Partnern für die Ausbildungsstätten werden zu müssen. Wir wollten ihnen die Verantwortung nicht mehr alleine überlassen, auch nicht ihr verlängerter Arm sein. Wir wollten kooperieren mit ihnen und Ausbilderinnen in der Praxis für die Praxis sein.

In der Realität sah das dann so aus, daß Anerkennungspraktikantinnen in der ersten Zeit die Planstelle von „Zweitkräften" und später die von „Drittkräften" innehatten. Blockpraktikantinnen dagegen waren immer zusätzlich. Als es Vorpraktikantinnen gab, wurden auch mit ihnen Planstellen von „Drittkräften" belegt. Zuletzt sprachen jedoch so viele pädagogische bzw. heilpädagogische Gründe gegen den Einsatz ungelernter Kräfte in unserem Heim, daß Vorpraktikantinnen nur noch eine große Ausnahme blieben.

Daß die Praktikantinnen auf Planstellen kamen (und heute kommen), hatte finanzielle Gründe, hatte aber auch mit dem Erzieherinnenmangel zu tun. Die Arbeitszeitverkürzung, die wir für die Mitarbeiterinnen begrüßten, brachte neben einer neuerlichen finanziellen Belastung durch eine Stellenplanerweiterung den Nachteil, den Kindern immer mehr Bezugspersonen zumuten zu müssen.

„Erziehungsarbeit ist Beziehungsarbeit", vertrete ich nach wie vor, und dieser Standpunkt setzte einerseits Grenzen in die Bereitschaft, Praktikantinnen aufzunehmen, und verlangte andererseits eine besonders aufmerksame Anleitung gegenüber den Beziehungen der Praktikantin zu den Kindern. Anleitung geschah und geschieht im Miteinander-Tun und gegenseitigen Beobachten, im Austausch und Reflektieren dessen in einer wöchentlich festgelegten Stunde und vielem gelegentlichen Sprechen über aktuelle Vorkommnisse.

Nachdem später dann acht bis zwölf Praktikantinnen zur gleichen Zeit bei uns praktizierten, fanden auch sog. Praktikantinnenrunden statt, in denen unter meiner Leitung aktuelle, die Praktikantinnen betreffende Themen, Fragen, Probleme in möglichst kreativer Weise beraten wurden. Dies geschah auf Wunsch und Anregung der Anleiterinnen.

Die Gespräche bei Zwischen- und Abschlußbeurteilungen mit der Praktikantin erhielten bei uns einen besonderen Stellenwert. Wir investierten dafür viel Zeit (ca. zwei bis vier Stunden). Wir hatten den Anspruch, Beurteilungen so zu verfassen, daß jede Praktikantin sich darin unverwechselbar wiederfinden und dazu ja sagen konnte, selbst dann, wenn sie ihr Ziel nicht erreicht hatte.

Unser Anliegen war es, Ausbildungsstätten und Praktikantinnen ehrlich zu zeigen, wie weit wir in der Lage und bereit sind, an der Ausbildung mitzuwirken. Dazu zu stehen, daß wir Praktikantinnen brauchen, um unseren Auftrag erfüllen zu können, aber auch, daß wir sie nicht alleine lassen werden mit ihrem Lernen. Fordern und Fördern, das war unsere Devise.

Im Zuge unseres eigenen wachsenden Anspruchs an unsere (diskutierbare) Fachlichkeit gewannen wir die Anerkennung von Ausbildungsstätten immer mehr. Das tat uns gut

und steigerte unsere berufliche Selbstakzeptanz. Wir hatten
nicht mehr nötig, uns über eine praxisferne Theorieausbil-
dung an den Fachakademien, Fachschulen, Fachhochschulen zu mokieren und zu ärgern. Wir hatten Kräfte frei für
konstruktive Auseinandersetzungen mit den Ausbildungsstätten und Praxisbetreuerinnen.

Sie forderten uns auf: Zeigt, was ihr tut, redet mit uns darüber, sagt, was ihr von uns braucht, sagt uns, was euch in-
haltlich fehlt. Laßt uns Praxis miterleben.

All das nur über die Praktikantin zu erfahren, genügte
nicht.

Wir Praktikerinnen, Fachleute an der Basis, waren gefordert, unseren Mund aufzumachen, um zu mündigen, unverzichtbaren Partnerinnen in der Ausbildung zu werden.

Ohne Respekt vor den Ausbildungsschwerpunkten des
anderen, der gegenseitigen Ergänzung von Ausbildungsstätte, Praxisbetreuerin, Praxis und Anleiterin wäre eine Hori-
zont erweiternde Vorbereitung auf einen sozialen Beruf für
mich nicht denkbar.

2. Entscheidungsfindung und Weg

Die Entscheidung für die Aufnahme von Praktikantinnen in
einer Kindertagesstätte ist das Ergebnis eines Vorgangs zwischen dem Träger der Einrichtung, der Leitung bzw. den
Teams der Einrichtung und der betreffenden Ausbildungsstätte.

2.1. Der Träger hat den Wunsch,
eine Praktikantin aufzunehmen

Gibt der Träger die Anregung z.B. aus finanziellen oder personellen Erwägungen, wird er seine Gedanken der Leiterin
der Einrichtung mitteilen und um deren Stellungnahme bitten.

Die Leiterin wird je nach Größe der Einrichtung mit den
Gruppenleiterinnen oder allen Mitarbeiterinnen über den

Vorschlag des Trägers sprechen, vor allem unter den *Fragestellungen:*

● In welcher Gruppe fehlt eine Mitarbeiterin?
● Ist die Gruppe so zusammengesetzt, daß sie eine lernende Erzieherin verkraftet?
● Gibt es Kinder mit besonderen Schwierigkeiten und Auffälligkeiten in der Gruppe? Sind diese einer lernenden Erzieherin zuzumuten, oder würde für die Kinder die geforderte Betreuung und Hilfe in Frage gestellt sein?
● Sieht sich die Kollegin fachlich in der Lage, Anleitung zu übernehmen?
● Wäre sie aufgeschlossen und bereit, zusätzlich eine Praktikantin anzuleiten?

Ohne Unterstützung von Kolleginnen ginge das nicht, denn die Praktikantin wird häufiger zu Studientagen weg sein, die Anleiterin ca. zweimal im Jahr zu Anleiterinnentreffen. Beide brauchen mindestens eine Stunde jede Woche, um zusammen das Lernen der Praktikantin zu besprechen.
   Die Anleiterin, die Anleiten nicht gelernt und noch nicht geübt hat, benötigt Zeit für Supervision.

● Lassen sich die Kolleginnen darauf ein,
– evtl. stundenweise in dieser Gruppe auszuhelfen oder
– in Randzeiten Kinder aus dieser Gruppe zu sich zu nehmen oder
– eine Aktivität zu planen, bei der sie ohne größeren Aufwand mehr Kinder beschäftigen können oder...?
● Ist ein Praktikumsplatz in dieser Gruppe nicht möglich, gibt es Alternativen? Z.B. der Wechsel einer Erzieherin in eine andere Gruppe oder Kinder in eine andere Gruppe.

Erscheint der Leiterin mit ihren Mitarbeiterinnen die Aufnahme und Anleitung einer Praktikantin realisierbar, stehen *weitere Fragen* mit dem Träger an. Gegebenenfalls war er bei dem Gespräch anwesend und erwog gleich folgende Fragen mit:

● Sind andere Möglichkeiten denkbar, einen finanziellen oder personellen Notstand zu überbrücken?
● Wodurch kann der Zeitaufwand für Anleitung außer durch Mehrbelastung des Teams aufgefangen werden? Die

Anleiterin hat Anspruch auf eine Stunde zusätzlicher Vorbe-
reitungszeit (Verfügungszeit).
● Kann eine Verkürzung der Öffnungszeit ins Auge gefaßt
werden?
● Gibt der Träger die Möglichkeit, Überstunden, die durch
Anleitung entstehen, durch Freizeit, z.b. mehr Urlaub, aus-
zugleichen?
● Wird sich Anleitung bei der Anleiterin tariflich auswir-
ken?
● Wie steht er dazu, sich durch Anstellen einer Praktikantin
zu deren Ausbildung zu verpflichten?
● Abzusprechen ist noch, wer zu welchen Ausbildungsstätten Kontakt aufnimmt: Leiterin oder Träger?

2.2. Die Leitung und die Mitarbeiterinnen haben den Wunsch, eine Praktikantin aufzunehmen

Geht der Wunsch von der Leitung und den Mitarbeiterinnen
der Einrichtung aus, z.B. aus Personalmangel oder als zusätzliche Kraft für besondere Erschwernisse, so werden sie
sich, bevor sie mit dem Träger verhandeln, einigen – bereits
genannten – Fragen zuwenden. Darüber hinaus sind sie es
dem Träger schuldig, die besonderen Erschwernisse zu beschreiben und einen Mehrbedarf an Mitarbeiterinnen zu begründen.

Als **Beispiele** nenne ich:
– Wenn in einer – normal – belegten Gruppe (25) Kinder mit Ver-
haltensauffälligkeiten oder mit geringfügigen Behinderungen der
gezielten heilpädagogischen bzw. Einzelbetreuung bedürfen.
– Wenn durch hohen Anteil von Kindern ausländischer Eltern der
Sprachverwirrung begegnet werden muß.
– Wenn die räumlichen Bedingungen so sind, daß eine Gruppe
ständig in zwei kleinen Räumen untergebracht oder die Toilette
nur über eine gefährliche Treppe erreichbar ist.
– Wenn eine Kollegin krank ist und, was abzusehen ist, öfters aus-
fallen wird oder eine andere viel abwesend sein wird durch eine
längerfristige, berufsbegleitende Fortbildung.
– Wenn in einer Kindertagesstätte die Umstellung des Konzeptes
in Richtung offener Elternarbeit geplant wird oder

– wenn für die Verwirklichung des situativen Ansatzes mehr Fachkräfte gewünscht sind, um flexibler, individueller spontan Situationen aufgreifen zu können. Die Aufsichtspflicht bremst da manche mögliche und wünschenswerte Kreativität.

Falls voraussichtlich keine neue Planstelle in absehbarer Zeit
errichtet werden wird, lohnt es sich, für den Einsatz einer
Praktikantin zu werben. Allerdings könnte jetzt das
Mißverständnis auftreten, die Praktikantin wäre für die Be-
wältigung der zusätzlichen Erschwernisse zu gewinnen. Die
sind natürlich auf alle Schultern zu verteilen und die Aufgaben der Praktikantin in ihrem individuellen Ausbildungsplan als Lernziele zu integrieren.

Ein weiterer Grund, für Praktikantinnen zu plädieren,
kann der Wunsch sein, sich in die Ausbildung zukünftiger
Kolleginnen einmischen zu wollen; der Wunsch, werdenden
Erzieherinnen die Realität der Praxis zum Vergleich mit
ihrem Berufsbild und ihren Berufserwartungen anzubieten.
Sie selbst den Bedarf der Praxis an Wissen, Können und den
Anspruch an die eigene Persönlichkeit erfahren zu lassen.

Das Bedürfnis länger im Beruf stehender Erzieherinnen
nach neuen Impulsen für die eigene Praxis, wie an anderer
Stelle auch schon erwähnt, ist manchmal Hintergrund, Anleitung von Praktikantinnen und die Zusammenarbeit mit
den Ausbildungsstätten aufnehmen zu wollen. Sie verspre-
chen sich, wieder mehr in fachliche Denkprozesse zu finden,
Veränderungen und Erweiterungen, raus aus den eingefahre-
nen Gleisen, beschleunigen zu können.

Sind nun Ideen und Argumente gesammelt, kann die Leiterin in das Gespräch mit dem Träger eintreten. Wie sie das er-
folgversprechend gestaltet, ist ihrer Klugheit anheim gestellt.
Ich bin in ähnlichen Situationen am weitesten gekommen,
wenn ich

a) sehr gut vorbereitet genau wußte, was ich wollte und dadurch sachlich bleiben konnte;
b) meinem Gesprächspartner, weil neu mit unserem Gedan-
kengut konfrontiert, Zeit zugestand, sich auch damit vertraut zu machen. Ich erwartete nicht von einem ersten
Mitteilen des Anliegens die Entscheidung, jedoch für ein
weiteres Gespräch einen festen Termin;

c) bei dem Entscheidungsgespräch dann nicht nur für mein Werben Verständnis forderte, sondern Verständnis und Interesse für die Argumente meines Gegenübers zeigte.

2.3. Die Ausbildungsstätte trägt den Wunsch an die Praxisstelle heran

Tritt eine Ausbildungsstätte an den Träger oder die Einrichtung mit der Bitte um einen Praxisplatz heran, ist es wichtig, sich Zeit zu lassen und sich die Informationen, von denen die Entscheidung abhängig ist, zu holen, vorausgesetzt, die Beantwortung der Fragen im eigenen Kreis (wie beschrieben) hat zur grundsätzlichen Bereitschaft, Praktikantinnen aufzunehmen, geführt.

In der Regel schicken die Ausbildungsstätten ihre Informationen über die einzelnen Praktika an die Praxisstellen. Da es Unterschiede in und innerhalb der einzelnen Bundesländer bei Ausbildungsformen und Schultypen und da wiederum in Tendenz (z.B. kirchlich) gibt, ist auch mit Unterschieden in den Ansprüchen an die Praxisstellen zu rechnen. Deshalb verzichte ich hier auf Details.

In der Ausbildung zu Erzieherinnen wird gewöhnlich unterschieden zwischen dem Vorpraktikum, Blockpraktika und dem Berufs- oder Anerkennungspraktikum.

In der Ausbildung zur Dipl.-Sozialpädagogin an den Fachhochschulen wird zwischen dem Theorie begleitenden Praktikum (ein Tag wöchentlich) und dem über zwei Studiensemester (40 Wochen) laufenden, manchmal auch Jahrespraktikum genannt, unterschieden.

In der Ausbildung zur Dipl.-Sozialpädagogin an der Staatlichen Berufsakademie Stuttgart (die es nur in Baden-Württemberg gibt) gilt das duale Ausbildungssystem, d.h., über drei Jahre findet ein vierteljährlicher Wechsel von Studium und Praxis statt. Abgesehen von einem Vierteljahr „Fremdpraktikum" wird das Praktikum an einer Praxisstelle absolviert.

Praktikantinnen der Fachoberschule sind sechs Wochen in der Praxisstelle, verteilt auf ein Vierteljahr, im Wechsel mit der Schule.

Die Praxisstelle muß die jeweiligen Forderungen mit ihren eigenen Bedingungen in Einklang bringen, sie muß also erfragen:

● Wie viele Stunden im Jahr beansprucht die Ausbildungsstätte die Praktikantin?

● Wie ist diese Zeit eingeteilt? In ganze, in halbe Seminartage, en bloc über mehrere Tage?

● Welche schriftlichen Aufgaben sind von der Praktikantin zu erbringen? Ist es Teil der Anleitung, diese Arbeiten einzusehen? Wenn nicht, ist es ihr Recht, Einsicht in die schriftlichen Berichte zu verlangen?

● Schreibt die Ausbildungsstätte sog. gelenkte Aktivitäten, Lehrproben, Beschäftigungen vor, und wie meint sie, sollten diese beobachtet und beurteilt werden?

● In welcher Beziehung stehen die Praxisbetreuerinnen zu „ihren Praktikantinnen"?

● Wie gestaltet sich deren Besuch in der Praxisstelle, und wie häufig findet er statt?

● Wie sieht überhaupt die Rolle der von der Ausbildungsstätte kommenden Praxisbetreuerin in der Praxisstelle gegenüber der Anleiterin aus?

● Das Gebot des Schweigens über Interna der Praxisstelle und über Belange von Kindern, wie wird es in der Ausbildungsstätte interpretiert und respektiert?

● Was steht zum Thema Beurteilungen an? Wer beurteilt was und mit welcher Gewichtung?

Auch arbeits- und versicherungsrechtliche Überlegungen gehören in das Gespräch mit der Ausbildungsstätte.

Zu diesem Zeitpunkt ist m.E. angebracht, seinen Ängsten als angehende Anleiterin Ausdruck zu verleihen: Werde ich beurteilt in der Ausbildungsstätte? Kann meine Praxis mit dem in der Ausbildungsstätte Vermittelten Schritt halten? Im verbalen Ausdruck bin ich nicht so geübt wie die Dozentin, wird sie mich deshalb für nicht so intelligent halten? Und noch anderes mehr.

Ich bin nicht der Ansicht, daß Praxisstellen zu allem von der Ausbildungsstätte Geforderten Ja und Amen sagen sollen. Sie sind es, die zeigen müssen, wozu sie in der Lage sind und wozu nicht. Ihr erstes Interesse gilt den Kindern. Das kann bedeuten, mit der Ausbildungsstätte Kompromisse auszuhandeln und zwar von Anfang an. Wenn erst Ärger und Enttäuschung entstehen, ist eine partnerschaftliche Zusammenarbeit sehr in Frage gestellt.

2.4. Die Praktikantin trägt den Wunsch an die Praxisstelle heran

Wenn eine Praktikantin sich die Praxisstelle sucht, was in verschiedenen Ausbildungsstätten die Regel ist, ist für eine Einrichtung einmal grundsätzlich dieser Fragenkatalog zu beantworten und mit der betreffenden Praktikantin abzuklären:

● Weshalb sie gerade hier ihr Praktikum ableisten möchte,
● welche Vorstellungen sie damit verbindet,
● wie ihre Ausbildungsstätte dazu steht, daß sie hier praktizieren will?

Haben sich Träger und Mitarbeiterinnen entschlossen, Praktikantinnen aufzunehmen, ist Energie freigesetzt für die Zusammenarbeit mit Praktikantinnen und deren Ausbildungsstätten.

Die Anleitung – das Praktikum – kann beginnen.

 # Das Praktikum

---

1. Ziele verschiedener Praktika

1.1. Vorpraktikum

Die Fragen um das Vorpraktikum sind zur Zeit so vielfältig, daß, ginge ich darauf ein, nur noch mehr Verwirrung entstehen würde. Das Vorpraktikum gibt es, und davon gehe ich aus. Es wird vor allem von jungen Menschen genutzt, die noch in der Berufsfindung stehen. Daran orientieren sich die Ziele:

● Kennenlernen sozialpädagogischer Einrichtungen und deren Arbeitsweisen.
● Im Mittun Erfahrungen sammeln.
● Erfahrungen machen im (erzieherischen) Umgang mit den Kindern.
● Umsetzen eigener Fähigkeiten im beruflichen Tun.
● Sich selbst erleben in sozialpflegerischer, beruflicher Tätigkeit.
● Erkennen eigener Leistungsfähigkeit und Belastbarkeit.
● Entwickeln von Verständnis für die Grundanforderungen beruflicher Tätigkeit.
● Anbahnen eines reflektierenden Verhaltens.
● Herausfinden eigener Motivation und Fähigkeiten für einen sozialpädagogischen Beruf.
● Berufsentscheidung begründen.

1.2. Blockpraktikum, nach Maßgabe
von Ausbildungsstätten zusammengestellt

Ein Blockpraktikum wird angesetzt zwischen minimal drei Wochen und maximal einem Vierteljahr. Mithin bewegen sich die Ziele zwischen mehr oder weniger:

● Kennenlernen eines neuen Arbeitsfeldes.
● Einsichtnehmen in neue Arbeitsweisen.
● Beobachtend mitarbeiten.
● Beobachtung üben, z. B. beim Freispiel.
● Beobachtungen in Verbindung zur vermittelten Theorie bringen.
● Erkennen und erfahren, daß Grundwissen auf das jeweilige Einsatzfeld hin umsetzbar beschrieben werden muß.
● Auf das Arbeitsfeld bezogene Problemstellungen erkennen.
● Üben des Reflektierens.
● Prüfen der Berufsmotivation im Hinblick auf das Arbeitsfeld und die Menschen, die dessen Ziel sind.

Das Wesentliche für die Praktikantin in Kurzpraktika ist die Orientierung in diesem Arbeitsfeld und das Erspüren eigener Neigungen, um für die spätere Berufsausübung Entscheidungshilfen zu erhalten. Was für Praktikantinnen während der Kurzpraktika einen schmerzlichen Verzicht bedeutet, ist die Zurückhaltung in dem Aufbau von Beziehungen zu Kindern und Jugendlichen. Es ist wichtig, daß sie keine persönlichen Gespräche mit den Kindern führen, die deren Leben außerhalb der Einrichtung betreffen, sondern immer ein Mittel zwischen sich und dem Kind haben, z.B. Spiele, Tätigkeiten, Materialien (das hat vor allem für Praktikantinnen in Hort und Heim Bedeutung).

Welche Ansprüche an die Anleitung entstehen aus diesen Formen der Praktika?

Alles, was im ersten Teil des Buches geschrieben ist, hat dafür Gültigkeit. Voraussetzung ist die Bewußtheit der Anleiterin über die eigenen Erwartungen an die Blockpraktikantin. Die Erwartungshaltung der Anleiterin prägt ihre Einstellung gegenüber der Blockpraktikantin. Deshalb ist es gut für sie, sich darauf einzustellen, daß

a) es eine Praktikantin ist, die sich für einen sozialpädagogischen Beruf interessiert und in der Regel nur wenig einschlägige Ausbildung dazu vorweisen kann;

b) die Praktikantin mit völlig neuen Eindrücken konfrontiert wird; deren Erwartungshaltung und Vorurteile sich relativieren werden;

c) die Praktikantin noch keine Erfahrung im *fachlichen* Umgang mit Vorschul- und Schulkindern besitzt und das für sie bedeutet, Rückgriff auf eigene Erziehung, Kindergarten und Schulerfahrungen zu nehmen;

d) ihr Erstaunen, eine fragende Haltung, Hilflosigkeit der Blockpraktikantin begegnen werden. In den Blockpraktika beginnt die Auseinandersetzung zwischen eigener Geschichte und dem Wollen z.B. eines bestimmten anderen Erziehungsstiles und dem Nicht -noch-nicht- Können. Es gelingt nicht, was idealisiert angestrebt wird. Diese Enttäuschung zieht die Angst vor der Beurteilung nach sich.

Anläßlich eines Gespräches mit dem Kollegium einer Fachschule für Sozialpädagogik bot sich mir die Gelegenheit, deutlich zu machen, was ich im Blockpraktikum weniger als beurteilbar, aber als beschreibbar anerkenne.

Im Blockpraktikum, das der Orientierung dient, kann die Anleiterin miterleben, was die Praktikantin wahrnimmt und welche Fragen sie daran knüpft, wie sich die Praktikantin auf dieses Aufgabengebiet einläßt. Beschreibend könnte die Anleiterin zu der Entwicklung vom Erfassen der mit dem Aufgabengebiet verbundenen Probleme Stellung nehmen.

Den Lernstil der Praktikantin könnte sie daran erkennen, wie diese in das Mittun einsteigt. Z.B.: Hält sie sich zunächst zurück und orientiert sich, die Anleiterin beobachtend, wie hier was getan wird, um dann selbst aktiv zu werden, oder tut sie gleich mit, macht eigene Erfahrungen, um sie anschließend mit der Anleiterin zu besprechen, oder bittet sie um Aufträge oder...

Die Anleiterin kann sehen und hören, wie die Praktikantin auf die Kinder eingeht, auf deren Ebene sich einstellt und dabei sie selbst bleibt. Das zeigt der Anleiterin deren Gespür und Einfühlen in die Belange der Kinder und auch bereits einen Grad von Sicherheit im Umgang mit den Kindern.

Die Anleiterin erlebt die Praktikantin im Gespräch. Kommt die Praktikantin gesprächsbereit auf sie zu, oder ist sie diejenige, die den Anstoß gibt? Im Austausch jedenfalls erfährt sie etwas von dem

Problembewußtsein, der beruflichen Einstellung der Praktikantin und davon, wie sich die Praktikantin selbst einschätzt.

Das Ziel eines Blockpraktikums wäre m.E. erreicht, wenn die Praktikantin die Antwort auf die Fragen geben könnte: Worauf kommt es in diesem Arbeitsgebiet an? Woran kann ich erkennen, was ich in mir als Basis (Ressourcen) für den erwählten Beruf mitbringe?

Die Rückmeldungen der Anleiterin können helfen, diese Fragen zu beantworten.

Festgelegte Gesprächszeiten zwischen Anleiterin und Praktikantin sind in jeder Form von Praktikum zur Sicherung von Lernschritten unerläßlich.

1.3. Jahrespraktikum
(Anerkennungs- bzw. Berufspraktikum)

Diese Ziele drücke ich mit meinen Worten aus:

Es ist die sozialpädagogische Fachkraft, die weitgehend befähigt ist, selbständig:

● ihr berufliches Handeln zu planen, in seiner Wirkung einzuschätzen und zu begründen;

● in einem angemessenen Zeitraum sowohl zur Zielgruppe, als auch zu deren Angehörigen, zu Kolleginnen und Vorgesetzten eine berufliche Beziehung einzugehen;

● Mittel und Methoden situationsentsprechend einzusetzen;

● innerhalb eines Teams in Eigenverantwortung zu kooperieren;

● Kritik als Hilfe anzunehmen und zu geben;

● Selbstreflexion zu üben und als professionelle Forderung anzuerkennen;

● ihre erlernten Kenntnisse als Basiswissen zu begreifen und lernbereit auf ihr je spezifisches Arbeitsfeld hin zu vertiefen und zu erweitern.

2. Ein Praktikumsprozeß

Die bisherigen Überlegungen waren grundsätzlicher Natur. In diesem Kapitel geht es weiter mit dem konkreten Prozeß. Dafür bietet sich das Jahrespraktikum an. Ausbildungsstätten haben Phasenmodelle entwickelt, die sich auf notwendige Lernschritte und den in der Praxis beobachteten Verlauf von Praktika stützen. Die Orientierung an einem Phasenmodell erleichtert die Diagnose des jeweiligen Ist-Standes. Es ist ein Denkmodell, innerhalb dessen Praktika planbar und strukturierbar werden, jedoch im Vollzug nicht so eindeutig abgrenzbar sind. Phasen laufen ab, sie werden nicht gemacht.

Das Denken in Phasen, das mich in meiner Praxis begleitete und laufend bestätigt wurde, lege ich hier zugrunde. Den von den Ausbildungsstätten formulierten Phasen ordne ich die Ausführung der Schritte zu, die sich als wesentlich entwickelt haben.

Die erste Kontaktaufnahme zwischen der Praktikantin und der Praxisstelle zähle ich bereits zum Praktikum. Deshalb beginne ich mit einer Vorphase:

Vorphase Kontakt aufnehmen, entscheiden und vorbereiten
1. Phase anfangen, orientieren
2. Phase üben, ausprobieren
3. Phase erwerben fachlicher Selbständigkeit
4. Phase auswerten, Abschied vorbereiten, beurteilen

2.1. Vorphase: Kontakt aufnehmen, entscheiden und vorbereiten

Anteile der Ausbildungsstätte

Das Einverständnis zwischen Ausbildungsstätte und Praxisstelle, Praktikantinnen aufzunehmen, vorausgesetzt, erbittet die Schule eine Stellenbeschreibung und oft den Namen und die Qualifikation der Anleitung. Die Praktikantin erhält davon Kenntnis. Je nach Bekanntheitsgrad der Praxisstelle geben Praxisbetreuerinnen Interessierten weitere Empfehlungen und Informationen. Manchmal gefiel mir das und manches Mal mißfiel mir das. Empfand ich Empfehlungen und Äußerungen als nicht zutreffend, suchte ich das Gespräch mit der Praxisbetreuerin.

An der Form schriftlicher Bewerbungen konnte ich feststellen, ob in der Ausbildungsstätte Hilfestellung dazu gegeben wurde oder nicht. Genauso dann bei Bewerbungsgesprächen. Zur Entscheidungsfindung bietet die Ausbildungsstätte der Praktikantin Hilfestellung an. Sie geben erwartungsgemäß ihren Studierenden Informationen zu dem Praktikum, einen Ausbildungsvertrag, einen Ausbildungsplan, häufig einen Beurteilungsvorschlag. Wünschenswert ist der Hinweis und die Vorbereitung durch die Ausbildungsstätte auf das Spezifikum der Praxisstelle, und wesentlich ist die Erläuterung zur Erarbeitung des individuellen Ausbildungsplans. Dafür trägt m.E. nicht die Anleitung die Verantwortung.

Anteile der Praktikantin

Es ist heute üblich, daß die Praktikantinnen sich ihre Praxisstellen selbst auswählen und sich schriftlich bewerben. Das war nicht immer so. Die Ausbildungsstätten wiesen zu, und die Praktikantinnen kamen mit Praktikumsbeginn. Weil ich mich immer noch lebhaft erinnere, wie richtig ich diese Veränderung empfand, erwähne ich dies. Sie war ein Zeichen der Ausbildungsstätten von Loslassen, Abgeben und Kompetenzentrennung. Praktikantinnen und Praxisstellen wurden mehr Mitbeteiligung am Praxisprozeß zugestanden und zugetraut.

Also, die Praktikantinnen bewerben sich schriftlich und bitten um einen Vorstellungstermin. Besonders aufmerksam las ich das Alter und das persönliche Interessengebiet und evtl. besondere Pläne. Mit solchen Angaben wurde die Entscheidung, wer in welcher Gruppe die Anleitung übernimmt, erleichtert. Die beteiligten Personen konnten sich auf die Vorstellung der Praktikantin einstellen. Es ist Sache der Praktikantin, sich alle Informationen, die sie für sich braucht, bei diesem Gespräch zu holen.

Anteile der Praxisstelle und Anleitung

Wiederum das Einverständnis der Ausbildungsstätte und Praxisstelle vorausgesetzt, wird nach Eingang der Bewerbung einer Praktikantin in der Einrichtung geklärt, wer in seiner Gruppe die Anleitung von ihr übernimmt. Die zukünftige Anleiterin wird sich näher mit der Bewerbung befassen und sich um den Vorstellungstermin bemühen.

In der schriftlichen Antwort auf die Bewerbung wird der Praktikantin der Termin für das Vorstellungsgespräch, in welchem Rahmen es stattfinden wird, wer (mit Namen und Funktion) voraussichtlich daran teilnehmen und das Gespräch mit ihr führen wird und wo sie sich zunächst anmelden kann, mitgeteilt.

2.1.1. Das Vorstellungsgespräch

Ich halte für angebracht, daß Anleiterin und Leitung das Vorstellungsgespräch gemeinsam mit der Praktikantin führen. Es ist der erste persönliche Kontakt zwischen Praktikantin und Anleitung, und dieser kann bereits Weichen stellen für den Beziehungsaufbau. Neugierig sind beide aufeinander. Der erste Eindruck bleibt unbewußt nicht ohne Wirkung. Sein Einfluß in diesem Gespräch wird eingegrenzt, wenn die Anleiterin sich auf die Fragen, die zu besprechen sind, vorbereitet hat.

Nicht in jeder Einrichtung ist es möglich, sich für kurze Zeit in einen störungsfreien Raum zurückzuziehen. Dennoch hat sich als günstig erwiesen, das Vorstellungsgespräch ohne Kinder, Kolleginnen und Telefon führen zu können.

Manchmal kann ich mich des Gefühls nicht erwehren, daß Menschen sich stören lassen, um ihrer Bedeutung Nachdruck zu verleihen. Eine Anleiterin hat das nicht nötig. Sie ist unbestritten sehr wichtig für die Praktikantin. Wir waren bei der Vorstellung daran interessiert, von ihr zu erfahren, wo sie jetzt herkommt, was sie veranlaßt hat, in dieser Einrichtung ihr Praktikum ableisten zu wollen. Weiterführend baten wir, mehr zu erzählen von ihren Vorstellungen und Fragen, als auch, welche Ideen die Praktikantin mit dem von ihr genannten Interessengebiet verbindet.

Selten habe ich erlebt, daß Praktikantinnen Fragen zur Person der Anleiterin stellen, doch Mitteilungen dazu dankbar entgegennehmen. Ich halte es deshalb für legitim, unaufgefordert von sich als Fachperson über Ausbildung und Praxis etwas zu berichten. Das schafft Ausgewogenheit und führt zu dem nächsten Punkt in diesem Gespräch hin. Denn jetzt ist die Anleiterin dran, den Praktikumsplatz zu beschreiben. Die Praktikantin werde eine Planstelle einnehmen neben der Anleiterin, die als Erzieherin eine Kindergartengruppe mit 25 Kindern führt. Das heißt, sie – die Praktikantin – werde als Zweitkraft die Stelle der sogenannten „pädagogischen Hilfskraft"[9] einnehmen. In der Einrichtung gebe es noch eine Kindergarten- und eine Hortgruppe. Die Leiterin der Einrichtung führe die zweite Kindergartengruppe.

Anleiterin und Praktikantin werden als Kolleginnen zusammenarbeiten. Was das im einzelnen bedeute, werde die Anleiterin zu Beginn des Praktikums mit der Praktikantin besprechen. Wünscht die Praktikantin keine weiteren Auskünfte mehr, sind noch Formalien zu erfüllen. Der Vertrag, in dem die Ausbildungsstätte ihre Forderungen nennt, in dem auch nach der Anleitung gefragt ist, ist gemeinsam zu überprüfen und zu unterschreiben. Anleitung wird zugesagt mit der Einschränkung auf das, was die Einrichtung bieten kann. Ausdrücklich weist die Anleiterin auf das Recht der Praktikantin hin, Anleitung einfordern und das Praktikum mitgestalten zu dürfen. Wenn ihr ein interner Ausbildungsplan zur Verfügung steht, händigt sie diesen der Praktikantin aus. Arbeitsrechtliche Fragen wie Arbeitszeit, Urlaub, Bezahlung und anderes werden entweder mit der Leitung oder auch mit der Anleiterin besprochen.

Um eine Entscheidungsfindung nicht zu überstürzen, sollten sich beide Seiten zwei bis fünf Tage Zeit lassen, ihre Eindrücke zu verarbeiten und unklaren Gefühlen auf den

---

[9] Anmerkung der Verfasserin: Den Begriff pädagogische Hilfskraft, womit in erster Linie Kinderpflegerinnen, in zweiter Linie Anerkennungspraktikantinnen und sogar Vorpraktikantinnen gemeint sind, halte ich für destruktiv kränkend und irreführend. Vor allem den Kinderpflegerinnen wird ihre zugegebenermaßen andere Fachlichkeit im Vergleich mit Erzieherinnen und Sozialpädagoginnen abgesprochen und den Praktikantinnen der Lernstatus.

Grund zu gehen. Manche Einrichtungen bieten die Möglichkeit für einen „Schnuppertag" an.

Die Vorstellung endet in diesem Fall mit dem Gang durch die Einrichtung. Gibt es ein Team, ist m.E. ein kurzes gegenseitiges Bekanntmachen ausreichend. Vielleicht ist das auch eine ergänzende Entscheidungshilfe für die Praktikantin für oder gegen diese Praxisstelle.

Weiter wird die Anleiterin den Kindern von dem Besuch erzählen, ihnen mitteilen, daß sie bald von der jetzigen Praktikantin Abschied nehmen müssen und sich dann im neuen Kindergartenjahr auf die „Neue" freuen dürfen. Kurz vor dem Kommen der Praktikantin erinnert sie die Kinder noch einmal daran.

2.1.2. Zusammenfassung der Vorphase

- Erste Übereinkunft zwischen Ausbildungsstätte und Praxisstelle
- Stellenbeschreibung der Praxisstelle an die Ausbildungsstätte
- schriftliche Bewerbung der Praktikantin
- Entscheidungsfindung in der Praxisstelle
- Vereinbarung eines Vorstellungsgespräches
- Vorstellungsgespräch
  - a) Bekanntmachen
  - b) Informationsaustausch
  - c) schriftliche Informationen von der Ausbildungsstätte
  - d) Aushändigen eines internen Ausbildungsplanes, wenn vorhanden
  - e) arbeitsrechtlicher Stand
  - f) bewußte Entscheidung
  - g) Vertragsabschluß
- Vorbereiten der Kinder

2.2. Erste Phase: anfangen, orientieren

Anteile der Ausbildungsstätte

Sie entläßt ihre Schülerinnen bzw. Studierenden weitgehend aus ihrer Obhut. Ihr Ausbildungsplan und die Vorlage von Beurteilungsbögen sprechen für die große Bedeutung, die sie dem Lernen in der Praxis beimißt. Aus manchen Plänen spürte ich nicht nur die Sorge der Ausbildungsstätte, ihren Teil zu guter Anleitung beitragen zu wollen, sondern beweisen zu müssen, auch sie wüßten über die Praxis Bescheid und seien nicht nur auf Theorievermittlung fixiert.

Das empfand ich vor allem bei jenen Plänen so, die m.E. zu sehr ins Detail gingen. Ich vermute allerdings auch das Anliegen, den Absolventinnen der eigenen Ausbildungsstätte wenigstens noch Papiere über Anleitung mitgeben zu wollen. Die Fülle des Stoffes für zwei Jahre läßt es nicht zu, Anleitung in den Lehrstoff mit aufzunehmen.

In der ersten Zeit erschrak ich über die Aufgabenkataloge, und ich ärgerte mich darüber. Ich empfand einen überfordernden, nicht angebrachten Eingriff in meine Praxis. In mir selbst und in der Auseinandersetzung mit Ausbildungsstätten lief ein relativ langer Prozeß, bis ich mich aus dem mich Bevormundet-Fühlen durch die Ausbildungsstätten lösen konnte. Andere Kolleginnen dagegen erwarteten und erwarten für die Anleitung noch mehr Hilfen und Unterstützung seitens der Ausbildungsstätten. Zumindest wünschen sie sich von diesen die Bestätigung, daß ihre Anleitung in Ordnung sei. Für mich war erleichternd, als ich eines Tages diese Ausbildungspläne als Angebot begreifen und als gute Strukturhilfe annehmen konnte. Soweit sogar, daß ich mich anregen ließ, in der Einrichtung, in der ich arbeitete, einen internen Ausbildungsplan zu entwickeln als Hilfe für Anleiterinnen und Praktikantinnen.

Ich habe es selbst erlebt, aber auch in Gesprächen mit Praxisbetreuerinnen gesagt bekommen, daß das Selbstverständnis der Praxisstellen sie in ihrer Haltung der Praxis gegenüber sehr beeinflußt. Sie seien auf das Selbstbewußtsein der Praxis, die ihren Ausbildungsauftrag und die damit verbundenen Inhalte kennt, angewiesen. Spürten sie vor allem Unsicherheit, könne es passieren, daß sie „Bevormunden" als Ausweg sähen, Lücken in der Anleitung zu überbrücken. Letztlich, weil sie selbst hilflos geworden waren.

Der Ausbildungsplan der Ausbildungsstätte macht für die Anfangszeit auf die verunsichernde Situation eines Wechsels von Ort, Aufgaben, Rolle und sozialen Kontakten aufmerk-

sam. Er enthält Vorschläge, wie die Praktikantin in dieser
Zeit stützende Begleitung erfahren kann. Nach einer Weile
Eingewöhnung wird sich die Erstellung eines individuellen
Ausbildungsplanes bewähren. Zum Ende der Anfangsphase
verlangt die Ausbildungsstätte den ersten Teil eines Praxis-
berichtes.

Anteile der Praktikantin

Sie ist der Mittelpunkt des Geschehens. Wie wir alle in neu-
en Situationen unsere Unsicherheit zu überwinden suchen,
wird es auch die Praktikantin nach ihrer Eigenheit tun. Sie
ist da und zeigt sich. Ich nehme an, sie erwartet von der Anleiterin Anhaltspunkte im wahrsten Sinne des Wortes und
Verständnis für ihre anfängliche, wie auch immer geartete
Unsicherheit. Vielleicht äußert sie bereits eigene Vorstellungen für die Gestaltung der Anfangszeit.

Auf jeden Fall kann sie sich auf den Ausbildungsplan der
Ausbildungsstätte stützen und von daher Sicherheit holen.
Um nicht allzu sehr in Vermutungen hängen zu bleiben,
gehe ich hier davon aus, daß die Praktikantin einen internen
Ausbildungsplan erhalten hat. Aus ihm wird sie ersehen,
was die Praxisstelle zu lernen anbietet, und sie kann herausfinden, wofür sie selbst in der Anfangszeit Verantwortung
übernehmen will und kann.

Der interne Ausbildungsplan hat das Ziel, die Praktikantin so früh wie möglich mit den Erwartungen und Forderungen, wie den Angeboten der Praxisstelle vertraut zu machen.
Durch ihn erfährt sie, worauf Anleitung sich verpflichtet.

Die Ausbildungsstätte fordert den ersten Teil des Praxis-
berichtes und das Erstellen des individuellen Ausbildungsplanes. Darum hat sich die Praktikantin selbst zu kümmern
und sich der Unterstützung durch die Anleiterin zu vergewissern.

Viele Praktikantinnen ließen sich auf unsere Anregung
ein, sich bereits von Anfang an auf eine durchgängige Aktivität mit den Kindern festzulegen. Mit eigenen fachlichen
Interessen, Fähigkeiten und Stärken suchten sie sich ein
Thema aus, das sie selbstverständlich auch an dem Entwick-

lungsstand und den Vorlieben der Kinder orientierten. Sie
schafften sich damit von Anfang an eine Verankerung in der
Gruppe. Zu den einzelnen Kindern entstanden natürliche
Anknüpfungspunkte, und die Anfangsunsicherheit der
Praktikantinnen wurde schneller abgebaut. Aus dieser Aufgabe, die sich die Praktikantin selbst suchte und die weder
eine Forderung der Ausbildungsstätte noch der Praxisstelle
war, bot sich ihr die Chance, daraus ihr Thema für die Jahresarbeit zu entwickeln. Dieser nicht unwesentliche Neben-
effekt wurde meistens als große Entlastung empfunden.

Damit verstanden wird, was ich meine, führe ich einige
Beispiele an:

Bewegungserziehung, aufgebaut nach Beobachtungen in der Kindergartengruppe;
freies Malen mit Kleingruppen, um eine Entwicklung im Laufe des
Jahres zu beobachten;
Blumenpflege mit den Kindern übernehmen;
biblische Geschichten erzählen;
täglich auf die Erzählungen der Kinder über ihre Fernsehgewohn-
heiten achten und daraus Schlüsse ziehen;
usw.

Anteile der Anleiterin

Sie hat zu diesem Zeitpunkt den Löwenanteil zu tragen. Be-
ginnend mit dem ersten Tag, dem Ankommen der Praktikantin. In ihrer Doppelfunktion als Gruppenleiterin und
Anleiterin hat sie sich auf die Kollegin/Praktikantin eingestellt. Deren Kommen war absichtlich so gewählt, daß die
Kinder gerade noch beim Aufräumen sind und sich dann im
Stuhlkreis versammeln. Die Praktikantin kannte das Angebot, erst eine Weile da sein und zuschauen zu können, um
sich anschließend, wenn die Kinder aufgeräumt haben, zum
Kennenlernen mit in den Kreis zu setzen.

Zögernd, fast ängstlich schließt die „Neue" hinter sich die Türe. Bei
der freundlichen Begrüßung durch die Anleiterin hellt sich ihr Gesicht auf. Sie waren sich zum Glück nicht mehr fremd.
Während die Praktikantin Garderobe und Tasche an dem ihr zu-
gedachten Platz ablegt, kommen Kinder auf sie zu und fragen, ob
sie jetzt hierbleibe, wann sie mit ihnen spielen werde. Sie waren
sichtlich auf die neue „Erzieherin" neugierig. Im Kreis dann stellt die

Gruppenleiterin die Kollegin, die noch Praktikantin ist, vor. Hat diese schon so viel Boden unter den Füßen, wird sie direkten Kontakt zu den Kindern aufnehmen und von sich erzählen: wie sie genannt sein will, wo sie herkommt, wie lange sie voraussichtlich bleiben wird, und wie sie sich das Zusammensein mit den Kindern denkt. Die Kinder werden Fragen stellen und vielleicht auch von sich erzählen, was sie gerade bewegt.

Die Gruppenleiterin ergänzt und macht die Kinder darauf aufmerksam, daß Frau ... noch wenig vom Tagesablauf wisse, die Kinder nicht kenne und deshalb öfters nach den Namen fragen werde. Sie habe noch wenig Ahnung von den Regelungen im Kindergarten und wo Spielsachen und anderes Material hingehören. Sie bittet die Kinder um Geduld, wenn sie bei Fragen an Frau ... nicht gleich Antwort bekämen. Diese müsse sich schließlich selbst erst kundig machen, bevor sie den Kindern etwas erlaube oder verbiete. Allerdings hätten die Kinder sofort auf sie zu hören, wenn sie, um Schaden zu verhindern, eingreife. Jetzt werde sie auf jeden Fall erst mal zuschauen bei dem, was bei uns so läuft. Sie werde mit einzelnen spielen und wahrscheinlich neugierige Fragen stellen. Will niemand mehr etwas sagen, schließt sie die Runde ab, und der Tag nimmt für die Kinder seinen gewohnten Lauf. Auf diesem Weg hat die Praktikantin für ihre ersten Stunden eine gewisse Struktur erhalten, bis die Kinder gegangen sind und Zeit zu einem Gespräch ist.

Das erste Gespräch – ein Informationsgespräch

Bereits im Vorstellungsgespräch erfuhr die Praktikantin, daß sie auf der zweiten Planstelle in dieser Gruppe eingesetzt wird, wie das im Kindergarten so üblich ist. Für die Anleiterin heißt das, auf der einen Seite zu ihrer eigenen Entlastung eine Kollegin in die Arbeit einzuführen und auf der anderen Seite das Lernen der Praktikantin in deren Interesse zu begleiten, sich ihren Blicken zu stellen. Sie hat sich Gedanken gemacht, worüber sie die Praktikantin zuerst informieren muß.

Da gibt es die Arbeitsaufteilung ganz allgemein. Pädagogische Vorstellungen und übliche Vorgehensweisen sind abzusprechen. Als Anleiterin/Gruppenleiterin muß sie an ihre Praktikantin/Kollegin die Forderung stellen, einen Teil der täglichen Aufgaben zu übernehmen, die diese lt. Ausbildungsstand eigentlich erst zu lernen und zu üben hat. Eine komplizierte gegenseitige Abhängigkeit und Rollenverquickung wird ihr bewußt. Es wird ihr nicht leicht fallen, ihre beiden Rollen und die der Praktikantin/Kollegin auseinander zu halten.

Wichtig ist, sie selbst und auch die Praktikantin wissen darum. Dann kann rückgefragt werden, aus welcher Rolle heraus sie gerade agiert.

Sie beginnt das Gespräch, indem sie als die Gruppenleiterin von dem täglichen Auftrag berichtet. Vielleicht fängt sie bei den äußeren Bedingungen an, die die Nutzung der Räume betreffen, den Zeitstrukturen, den Materialien, den Kontakten nach außen und anderem mehr, um dann zu dem Gesamtkonzept der Einrichtung zu kommen. Bei der Beschreibung des Konzeptes haben Zahl und Funktion der Mitarbeiterinnen und der Stil der Zusammenarbeit zunächst erwähnenswerte Bedeutung. Zum Beispiel, wie der Informationsfluß zwischen ihnen beiden und dem Träger sowie den anderen Mitarbeiterinnen aufrecht erhalten wird, zu welchen Zeiten Absprachen getroffen werden...

Administrative Aufgaben, wie Kassenführung, Berichte schreiben, Mitteilungen an die Eltern u.ä. wird sie erwähnen. Den Schwerpunkt wird sie auf die Informationen über die Gruppe, die Arbeit mit den Kindern und für die Kinder legen. Sie wird von ihrem Konzept berichten, welche pädagogischen Ansprüche sie hat, woran sie den Tagesablauf orientiert; sie wird von einzelnen Kindern sprechen und von der Art und Weise, wie Elternkontakte gepflegt werden. Sie wird darauf hinweisen, welche Mitteilungen an wen weitergegeben werden dürfen und welche unter das Dienstgeheimnis oder das Datenschutzgesetz fallen. Eine Fülle von notwendigen Informationen muß sie der Kollegin zumuten, damit diese ihren Part, der ja schon in ihrer Stellenbeschreibung zu lesen war, erkennen kann. Für hilfreich hielte ich, die mündlichen Informationen noch einmal schriftlich vorliegen zu haben.

Die Entscheidung, wer nun tatsächlich das eine oder andere übernimmt, scheint mir erst nach einer gewissen Eingewöhnung der Praktikantin und dem Kennenlernen der beiden möglich. Eine weitere Voraussetzung ist der individuelle Ausbildungsplan. Vor Beendigung des informativen Gespräches ist eventuell noch die Einigung zu treffen, welchem durchgängigen Thema sich die Praktikantin zuwenden will.

Dazu eigene Überlegungen

Wenn ich mich hier in die Situation der beiden versetze, bin ich zufrieden mit der Klärung all dieser Angelegenheiten, und ich hätte keine Lust mehr, jetzt auch noch das Praktikum zu planen.

Als Praktikantin hätte ich das Bedürfnis, meiner Befindlichkeit Ausdruck zu verleihen. Ich möchte sagen, wie froh ich bin, daß mir Zeit zum Zurechtfinden zugestanden wird. Im nächsten Gespräch wäre mir neben der Besprechung meines individuellen Ausbildungsplanes das Festschreiben der Zeiten für Anleitungsgespräche wichtig.

Als Gruppenleiterin läge mir daran, mit dem Vorhaben für den nächsten Tag abzuschließen und der Kollegin anzubieten, sich da zuzuordnen, wo es ihr entspricht. Nicht möchte ich ohne Festlegung eines weiteren Termins für die Planung des Praktikums auseinandergehen.

Ich stelle mir vor, die Anleiterin hat sich auf ihre Mehrbelastung durch die Anfangszeit der „Neuen" eingestellt, und doch hat sie den dringenden Wunsch, bald etwas an die Kollegin bzw. Praktikantin abgeben zu wollen. Zugleich aber befällt sie die Befürchtung, sie könnte die Praktikantin überfordern und deren Lernen aus den Augen verlieren. Hoffentlich hat sie sich in vorhergehenden Absprachen mit dem Träger kundig gemacht, daß und inwieweit er bei der Besetzung einer Planstelle mit einer Praktikantin in der Verantwortung bleibt. Sie selbst hat sich einen Eindruck von der persönlichen Reife und Belastbarkeit der Praktikantin zu bilden, bevor sie ihr zumutbare Aufgaben überläßt. Dazu im Anhang der Artikel von Prof. Hundmeyer zur Aufsichtspflicht, aus dem eindeutig die Mehrbelastung der Anleiterin in der Anfangszeit begründet ist.

Der Praktikantin obliegt es jedoch ebenso einzuschätzen, welchen Anforderungen sie sich gewachsen fühlt, welche Aufgaben sie zu übernehmen bereit ist und für möglich hält. Auf diese Selbsteinschätzung der Praktikantin sollte die Anleiterin nicht verzichten.

Es ist anzunehmen, daß die Leitung bei der Entscheidung, wer nun welche Bereiche übernehmen wird, mitwirkt. Als Anleiterin würde ich mich sonst sehr allein gelassen fühlen. – Wahrscheinlich liegt ihr sowieso die bevorstehende Entwicklung des individuellen Ausbildungsplanes der Praktikantin im Magen. Da gibt es schon ein Muster von der Ausbildungsstätte und noch einen internen Rahmen für Praktika von der Einrichtung. Was soll ein dritter? Dazu fallen ihr womöglich noch Erfahrungen mit gescheiterten Plänen ein, und die Bestätigung ist fertig, „Pläne taugen zu nichts und Lernen durch Praktizieren ist sowieso nicht planbar."

Reaktion – Buch zu!
Halt, nein – tun Sie das nicht!

Nämlich, nicht die Anleiterin hat die Aufgabe gestellt bekommen, diesen individuellen Ausbildungsplan zu fertigen, die Praktikantin ist von der Ausbildungsstätte dafür verantwortlich gemacht. Doch die Praktikantin braucht die Anleiterin, um von ihr zu erfahren, was die Praxisstelle bietet, damit sie ihr Lernen im Einvernehmen mit der Anleiterin realistisch organisieren kann.

Außerdem hat die Anleiterin den Gewinn davon – einerseits am Ende des Praktikums rückblickend, anhand der schriftlich festgehaltenen Lernschritte, ihren gemeinsamen Prozeß und den individuellen Lernprozeß der Praktikantin nachvollziehen und beschreiben zu können. Beurteilen wird hier schon vorbereitet. Andererseits kann sie sich ganz nebenbei von ihrem eigenen Wissensstand überzeugen.

Mir drängt sich der Vergleich mit einer Bergwanderung auf. In einem Wanderbuch lese ich die Beschreibung einer mich ansprechenden Route. Anhand der Landkarte sehe ich das Ziel und die Stationen und den Schwierigkeitsgrad. Ein Bergsteiger empfiehlt aufgrund seiner Erfahrung und seiner allgemeinen Kenntnis den Weg und eine entsprechende Ausrüstung. Die Angaben sind mir zu pauschal, ich möchte mich mit jemandem am Ausgangspunkt beraten. Einem Bergführer vor Ort sind die Wegbedingungen vertraut. Er besitzt Details über gefährliche Steige und über Rastplätze. Witterungsbedingte Auswirkungen und Veränderungen kann er abschätzen. Mit ihm möchte ich besprechen, welche Ausrüstung ich besitze, welche Teilziele ich mit meinem Tempo, meinen Interessen (evtl. Pflanzen oder Tiere), in welcher Zeit zu erreichen gedenke. Welcher Wegabschnitt sich anbietet für besondere Erfahrungen, wo ich ihn brauche oder allein zurechtkomme. Er weiß Bescheid über Strecke und Ziel. Er lernt mich unterwegs kennen, und deshalb ist es seine Aufgabe, mich auf Möglichkeiten, Gefahren, Verzögerungen aufmerksam zu machen. Gehen muß ich selbst, mich anstrengen, mein Ziel, meine Zeit, meine Interessen im Blick haben und ihm mitteilen, wenn ich Hilfe brauche; denn auch er muß gehen, für sich sorgen und den Überblick behalten.

Das Beispiel zeigt: Die gesamten Überlegungen sind auf Weg und Ziel orientiert, vor Beginn der Wanderung angestellt und beiden bekannt.

Äußere Bedingungen wurden bewußt gemacht:
- Wegstrecke
- Wegbeschaffenheit
- Zeitaufwand
- Witterungseinflüsse

Persönliche Bedingungen:
- Persönliche Belastbarkeit
- Selbsteinschätzung von Tempo, Durchhaltevermögen
- Interessen
- Ausrüstungsbedarf

Begleitung für mich:
- deren Auftrag und Zusage
- weitere Informationen

gemeinsames Planen:
- vom Ausgangspunkt zum Ziel!

Da heißt es: Planen vom Ist- zum Sollstand.

Das ist in der Anleitung nicht anders.

Die Anleiterin wird sich fragen, was kann ich zur Erstellung des individuellen Ausbildungsplanes der Praktikantin beitragen?

Antwort: Sie kann mittels des internen Rahmens für Praktika aufzeigen, was diese Praxisstelle mit ihr als Anleiterin anzubieten hat. Erst wenn die Praktikantin das weiß, ist sie in der Lage, ihren individuellen Ausbildungsplan zu entwickeln.

Weiter kann die Anleiterin den Stand des Problembewußtseins der Praktikantin in Erfahrung bringen und ihr gegebenenfalls Fragestellungen als Strukturhilfe anbieten, etwa wie folgt:

Ausbildungsplan 1. Phase
anfangen – orientieren

interner Rahmen für Praktika	individueller Ausbildungsplan
Praxisstelle und Anleiterin bieten:	von der Praktikantin schriftlich zu verfassen:
Einblick in die Gesamteinrichtung:	Welche Fragen zu diesem Komplex bewegen Sie?
Träger, Zielsetzung, Finanzierungsmodus, organisatorischer Aufbau, Geschichte, Konzeption, arbeitsrechtliche Belange ...	Bei wem haben Sie vor, sich wann um die Antwort zu bemühen?

Kennenlernen
aller Mitarbeiterinnen und Mitarbeiter einschließlich deren Funktionen.

Antwort auf welche spezifischen Fragen holen Sie sich wann, bei wem?

Information
über Regelungen und Normen in der Einrichtung allgemein und in der Gruppe, speziell über die Kinder, ohne eigene Eindrücke vorgreifen zu wollen,

. Welche Informationen benötigen Sie noch?

Eigene Vorstellungen dazu und Fragen.

Unfallverhütungsvorschriften, Verhalten bei akuter Gefahr, Kontakte nach außen.

Anwesenheit
in der Gruppe,
in der Regel, bis die eigene Sicherheit gewachsen ist.

Wozu wollen Sie die Anwesenheit der Anleiterin nutzen?

Hinweise
für den Umgang mit Nähe und Distanz gegenüber den Kindern.

Wie stellen Sie sich den Aufbau von Beziehungen vor zu Kindern, Kolleginnen, Eltern usw.? Welchen Stellenwert geben Sie der Beziehung in der Erziehung?

Zeit und Rahmen
zum Sammeln von Eindrücken, Beobachtungen und ersten Erfahrungen.

Worauf kommt es Ihnen an? Was wollen, werden Sie beobachten und zu welchem Zweck? Mit welchen Schwierigkeiten rechnen Sie?

Verständnis
für Anfangsschwierigkeiten.

Welchen Zeitraum stecken Sie sich selbst für die Phase der Orientierung?

Zeitplanung
für regelmäßige Anleitungsgespräche,
weitere interne Gespräche

Gemeinsame Entscheidung für feste Termine!

Die Praktikantin erhält mit dem internen Rahmen für Praktika (und zwar in den ersten Tagen) realistische Hinweise auf das, was sie hier lernen kann. Die Fragen in der Rubrik „individueller Ausbildungsplan" sind zunächst nur als Hilfestellung für die Anleiterin gedacht. Sie kann daraus Gedankenanstöße für die Praktikantin entnehmen.

Je mehr die Praktikantin ihren individuellen Plan und Lernanspruch an den anstehenden Aufgaben und dem Konzept der Einrichtung orientiert, um so mehr Aussicht hat sie, erfüllen zu können, was sie sich vorgenommen hatte. Das soll nicht heißen, daß sie sklavisch an ihren individuellen Ausbildungsplan gebunden ist. Hinzusehen, ihn zu überprüfen, was davon nicht umsetzbar ist oder war, und nach den Gründen dafür zu suchen, ist eine Herausforderung an ihre Flexibilität. Ändern sich nämlich von ihr unbeeinflußbar die Voraussetzungen für den Plan, macht es wenig Sinn, an ihm hängen zu bleiben. Würde sie ihn den neuen Bedingungen nicht anpassen, lieferte sie sich einem ständigen Quell von Unzufriedenheit aus.

Das zweite Gespräch – ein Planungsgespräch

Zu diesem Gespräch legt die Praktikantin zur gemeinsamen Beratung mit der Anleiterin ihren individuellen Ausbildungsplan vor. Mit ihm wird es jetzt möglich, die Aufgaben zu verteilen und dabei die von ihr erwünschten Lernerfahrungen zu berücksichtigen und zu integrieren.

Was ich zu bedenken geben möchte:

Wird die Arbeitskraft und -zeit von dem zu bewältigenden Arbeitsaufwand zuviel beansprucht, dann steht die Erfüllung von Pflichten so im Vordergrund, daß ein reflektiertes Lernen weitgehend verhindert wird. Die Praktikantin kommt in die Gefahr, auf die als Kind selbst erlebten Erziehungsweisen zurückzugreifen. Es fehlen ihr Zeit und Kraft, das erworbene Wissen in Beziehung setzen zu können zur nun zu erlernenden begründbaren fachlichen Pädagogik. Deshalb ist es so wichtig, von vorneherein Zeiten zur Reflexion im Ausbildungsplan festzuhalten.

Haben nun die Praktikantin und die Anleiterin diese Planungsprozedur abgeschlossen und durchgestanden, haben sie eine wesentliche Voraussetzung für das Gelingen des Praktikums geschaffen. Mit einem tiefen Atemzug der Erleichterung fände diese Beratung ihren Schlußpunkt.

Henry W. Maier schreibt in einem Artikel in der Zeitschrift „Unsere Jugend" zu dem Thema „Praktikantenanleitung": „Abschließend können wir der Feststellung Pasteurs ‛der Zufall begünstigt den, der darauf vorbereitet ist‛ hinzufügen: Wer sein Vorgehen gründlich plant, gewinnt Macht über sein eigenes Handeln."

Der erste Praktikumsabschnitt ist nun mit Zielen und Inhalten versehen. Durch die festgesetzten Gesprächszeiten – ich empfehle jede Woche ein bis zwei Stunden – wird diese Phase begleitet und in die nächste übergeleitet. Wie lange sie dauert?

Individuell sehr unterschiedlich. Erfahrungsgemäß bahnt sich der Übergang in eine neue Phase etwa im dritten Monat des Praktikums an. Wie in Übergangszeiten häufig, ist auch hier mit dem Auftauchen von Krisen zu rechnen.

Abschließende Auswertungs- und Reflexionsfragen zu diesem Abschnitt könnten folgende sein:

● Wie hat sich die Praktikantin eingewöhnt?
● Auf welche Weise sind Beziehungen zu Kindern und Kolleginnen entstanden? Was hat sie dazu beigetragen?
● Wobei fühlte sie sich am meisten angesprochen, bezogen auf Tätigkeiten, Aktivitäten mit Kindern usw.?
● An welchen Stellen fand sie welche Anknüpfungspunkte mit eigenen Stärken?
● Welche Erfahrungen wurden für sie bemerkenswert? Dazu Fragen und Probleme.
● Was hat sie bereits an sich entdeckt bezüglich ihrer Fachlichkeit?
● Was fiel ihr leicht, was schwer?
● Welche eigenen Erwartungen sind ihr deutlich geworden? Welche Unsicherheiten?
● Wie kam sie mit der Anleiterin zurecht?
● Wie kommt sie mit ihrem individuellen Ausbildungsplan zurecht?

Nach Feststellung dieses Ist-Standes: Wie soll es weitergehen?

2.2.1. Zusammenfassung der ersten Phase

Bekanntmachen mit den Kindern,
den Kolleginnen,
der Einrichtung.

Informieren über Aufgaben,
über Gepflogenheiten.

Anregen zu einer durchgängigen Aktivität und evtl.
zur Themenfindung für die Jahresarbeit.

Beitragen zur Erarbeitung des individuellen Ausbildungsplanes.

Unterstützen bei dem Beobachten und Orientieren.

Berücksichtigen der Anfangsunsicherheit, des Tempos der
Praktikantin beim Eingewöhnen,
des Wunsches, ob die Praktikantin schon
Aufträge gestellt bekommen will oder ob
sie sich selbst in den Ablauf einfädeln
möchte.

Zeitstruktur für Arbeitszeit,
Anleitungsgespräche.

Sich befragen und hinterfragen lassen.

2.3. Zweite Phase: üben, ausprobieren

D.h. Ansatzpunkte aus den Beobachtungen in der ersten
Phase aufgreifen und bewußt handelnd Erfahrungen erwerben.

Anteile der Ausbildungsstätte

In der Regel verlangen Ausbildungsstätten einen Praxisbericht über den bisherigen Verlauf des Praktikums. Weitere
schriftliche Aufgabenstellungen sind sehr unterschiedlich.
Die praxisbegleitenden Seminare oder Studientage liegen
ganz in der Hand der Ausbildungsstätte. Nach meiner

Wahrnehmung gibt es Ausbildungsstätten, die sehr bemüht sind, den derzeitigen Erfahrungshintergrund der Studierenden zu erfassen und ihre Themen darauf abzustimmen. Andere verharren mit einem Theorieangebot im System Wissensvermittlung.

Für die Praxis und die Rollenumstellung von der Schülerin bzw. Studierenden zur Praktikantin bzw. Berufsperson halte ich den zuerst genannten Ansatz für unterstützenswert. In diesem Praktikumsstadium ist mit dem ersten Besuch der Praxisbetreuerin an der Praxisstelle zu rechnen. Meines Wissens hat dieser Besuch den Sinn, die Praktikantin sowohl bei einer schriftlich ausgearbeiteten Aktivität zu beobachten, als auch bei dem alltäglichen spontanen Umgang mit den Kindern.

Im Blick auf die Zusammenarbeit von Ausbildungsstätte und Praxisstelle bietet der Besuch der Praxisbetreuerin eine günstige Gelegenheit, gemeinsam – Praktikantin, Anleiterin, Praxisbetreuerin – Beobachtungen und Rückschlüsse auf die Situation der Praktikantin an dieser Praxisstelle zusammenzutragen und weitere Lernschritte mit ihr zu erwägen. Anfragen und Gedanken zwischen Ausbildungsstätte und Praxisstelle können ausgetauscht werden. Ich denke, die Praxisbetreuerin kann Praktikantin und Anleiterin um so besser sich selbst überlassen, je akzeptierender, sicherer und fachbezogener die Anleiterin ihr begegnet. Es ist jedoch nicht auszuschließen, daß sie in eine Konflikt- oder Krisensituation kommt, in der sie jede zu ihrer Verbündeten machen will. Bedauerlicherweise erfuhr ich auch von Erfahrungen, in denen sich Praktikantin und Anleiterin verbündet haben gegen die Vertreterin der Ausbildungsstätte. Da helfen m.E. nur ehrliche Aussprachen oder Trennung.

Anteile der Praktikantin

Sie hat bereits viel gesehen, gehört und in Erfahrung gebracht, während sie sich immer mehr einlebte. Sie wird sich täglich besser mit ihren Interessen, ihrem individuellen Ausbildungsplan, dem Gruppengeschehen zuordnen können.

Einzelne Unternehmungen, Aktivitäten mit den Kindern

werden zu Übungseinheiten. Laut Auftrag von Ausbildungsstätten sind sie in vielen Fällen leider immer noch zu ausführlich schriftlich vorzubereiten. Das Herz so mancher Anleiterin schlägt da in Mitgefühl.

Ich gestehe, mir ging es oft so und das gerade bei den Praktikantinnen, die sehr begründet und engagiert ihre Praxis lebten. Muß dieser Streß der schriftlichen Ausarbeitung denn auch noch sein?

Ich besann mich, was mir diese Arbeiten in meiner Ausbildung gebracht haben. Doch erst im beruflichen Alltag begriff ich, daß ich an ihnen exemplarisch in Erfahrung gebracht habe, was es heißt, pädagogische Arbeit denkend zu systematisieren und mit Wissen zu begründen. Nicht immer konnte das auch in der Praxis genauso umgesetzt werden. Weil ich diese Erfahrung gemacht habe, konnte ich später meine fachliche Pädagogik von der natürlichen elterlichen Erziehung unterscheiden. Ich glaube, fast jede hat während der Ausbildung gejammert und geklagt über die Forderung schriftlicher Ausarbeitungen und letztlich doch Nutzen in ihrem Berufsalltag daraus gezogen.

Der Praktikantin wird erfahrbar, welchen Wert eine vorbedachte, schriftlich festgehaltene im Gegensatz zu einer spontanen Aktivität darstellt. An beide bestehen berechtigte Erwartungen. Der Schwerpunkt in dieser Phase liegt auf den planvollen Aktivitäten. Denn selbst die spontanen Angebote und Handlungen unterliegen dem fachlichen Anspruch und bauen zum großen Teil auf gezielt Geübtem auf, ähnlich wie bei dem Erlernen des Autofahrens.

Im weiteren Verlauf des Praktikums hat die Praktikantin sicher noch viel Gelegenheit, in spontanem Handeln ihre Fertigkeiten, Fähigkeiten, Begabungen auf ihre Brauchbarkeit hin im Kindergarten oder einer anderen Praxisstelle zu überprüfen.

Vieles wird ihr im Kopf herumgehen und sie im Herzen bewegen. Da soll es nicht bleiben. Die Anleiterin hat sich bereit erklärt, ihr Lernen zu begleiten und zu unterstützen. Sie kann das nur wirklich tun, wenn sie daran Anteil erhält. Die Praktikantin schöpft den Wert von Anleitung nur dann aus, wenn sie nicht glaubt, unter allen Umständen Aufgaben und Situationen alleine bewältigen zu müssen.

Unter Anteil geben verstehe ich in diesem Zusammenhang, daß die Praktikantin gesprächsbereit von dem, was sie

beschäftigt, berichtet, auftretende Fragen offenlegt, ihr Interesse an dem ganzen Geschehen zum Ausdruck bringt,
Unsicherheiten aufdeckt und um Hilfe bittet. Dazu zähle
ich, sich selbst hinterfragen zu lassen und sowohl erbetene
wie unerbetene Rückmeldungen als Bausteine für ihr Lernen
anzunehmen und auch die Anleiterin in ihrem fachlichen Interesse zu hinterfragen.

Anteile der Anleiterin

Solange es ihr möglich und nötig erschien, gewährte sie der
Praktikantin Zeit zum Einleben. Die Gespräche mit der
Praktikantin, deren individueller Ausbildungsplan, ihre
Übersicht über die Gruppe sind Grundlagen, den Übungs-
rahmen für die Praktikantin weiter abzustecken, ebenso ge-
meinsam zu beschließen, wer in welchem Rahmen welchen
Bereich übernimmt. Um dazu in der Lage zu sein, ist die
Anleiterin einerseits auf die Gesprächsbereitschaft der Prak-
tikantin angewiesen und andererseits auf ihre eigene Koope-
rationsfähigkeit.

Das Feld, innerhalb dessen methodisch gearbeitet und
vorbereitet wird, ist in den Einrichtungen so unterschiedlich, daß ich hier auf Beispiele verzichte. Ich hätte die Befürchtung, eher einzuengen, als die Weite aufzuschließen.

Lieber komme ich wieder zur Anleiterin, zu einer, die sich
vor der gemeinsamen Entscheidung fragt:

● Was hilft mir oder behindert mich in meiner Entscheidungsfindung bei der Aufgabenverteilung?

Z.B. kann ich der Praktikantin das, was sie schon tun will,
zutrauen oder das, wo sie noch zögert, zumuten? Die Anleiterin ist in Bedrängnis, und da tut sie sich und der Praktikantin einen Gefallen, wenn sie ihr eigenes Schwanken ins Gespräch bringt. Sie hat ja Gründe für ihre Bedenken, weiß sie
welche? Ich phantasiere, welche sie denken könnte: angesetzt bei der Praktikantin.

1. Beispiel:
Die Anleiterin erinnert sich: Die Praktikantin hat sich am Anfang
recht selbstbewußt eingebracht und bei einigen Kindern in den er-

sten Tagen auf das eingeführte Ritual beim Verabschieden gepocht. Die Kinder liefen ihr einfach davon. Die Anleiterin hat damals beruhigend reagiert: Das werde sich schon geben. Gedacht hat sie sich: Die Praktikantin hätte auch sensibler spüren können, daß es bei Verabschiedung um Beziehung geht und sie ja noch keine hatte. – Der nicht zur Sprache gebrachte Gedanke bewirkt heute das Schwanken und die Verunsicherung bei der Anleiterin: „Wird sie sich inzwischen besser einfühlen?"

2. Beispiel:
Bei der Erarbeitung des individuellen Ausbildungsplans ist der Anleiterin aufgefallen, wie genau es die Praktikantin mit jedem Punkt nahm. Diese hatte wenig Mut gezeigt, eigene Ideen einzubauen. Die Anleiterin ließ sich „verführen", ihr mehr und mehr Ratschläge zu geben und Material zu liefern. Eigentlich ärgerte sie sich darüber, daß sich die Praktikantin so an ihre Vorgaben hängte. – Das damals nicht zur Sprache gebrachte Gefühl hemmt sie heute, der Praktikantin frei eine Aufgabe als Übung zuzumuten.

Angesetzt bei ihr selbst:
Sie denkt, sie hätte sich als junge Anfängerin damals auf keinen Fall zugetraut, was die Praktikantin jetzt vorhat zu tun.
„Wenn der unsicheren Praktikantin mit den Kindern in der Tat mißlingt, was ich ihr dennoch zumute, hänge ich ganz schön drinnen." Sie hat Angst, die Verantwortung für die Praktikantin und vor allem für die Kinder nicht unter einen Hut zu bringen. Ist sie, die Anleiterin, jemand, der alles perfekt machen will und deshalb Mühe hat, anderen ein Experimentierfeld zu überlassen, wo auch etwas schief gehen kann?

Es gibt sicher noch ganz andere Gründe für das Zögern bei der Aufgabenverteilung – und die sich hier nicht angesprochen fühlen, werden ihre Beispiele finden. Auf jeden Fall ist es erleichternd, darüber zu sprechen. Danach wissen vermutlich beide mehr von sich und von der anderen. Die berufliche Beziehung wächst, indem die Individualität jeder an Klarheit gewonnen hat und die Verantwortung für die Entscheidung verteilt worden ist. Zudem werte ich solch ein „zu sich stehen" und „sich zur Sprache bringen" als ein Geschehen, das dem Lernen der Praktikantin modellhaft dienen wird.

Die Einigung über das weitere Vorgehen ist abgeschlossen. Sie kann auch relativ schnell und unproblematisch geschehen sein. Die Anleiterin stellt sich auf die weiteren Anleitungsaufgaben ein.

Anleitung äußert sich in dem Schwerpunkt: Rückmeldungen, die den Lernprozeß der Praktikantin begleiten. Deren
Bedeutung möchte ich im folgenden Abschnitt hervorhe-
ben.

Rückmelden

Ich ging von der Entscheidungsfindung für praktische
Übungsschritte der Praktikantin aus und landete aus meiner
Sicht logisch bei der Hauptaufgabe der Anleiterin: Begleiten
durch Rückmelden.

Eine Voraussetzung ist, daß sich die Anleiterin über sich
selbst in ihrer Berufsrolle klar ist und sich selbst gegenüber
aufmerksam bleibt.

Rückmeldungen geben an die Praktikantin heißt: Ihr mitteilen, was sie als Anleiterin gesehen, gehört, wahrgenommen, also beobachtet, und was sie dabei empfunden und gedacht hat. Der Praktikantin zugewandt zuzuhören, was diese von sich selbst als angehende Erzieherin aussagt, reflektiert und erlebt. Die Gegenüberstellung von Selbst- und
Fremdwahrnehmung ist sehr spannend, denn sie stimmt
längst nicht immer überein. Für manche stellt das eine Verunsicherung oder eine Herausforderung sich zu rechtfertigen dar. Der Sinn von Rückmeldungen wäre mißverstanden,
wenn man glaubt, es käme darauf an, Selbst- und Fremdwahrnehmung auf einen Nenner bringen zu müssen. Es ist
immer eine subjektive Wahrnehmung. Die jeweilige subjektive Wahrnehmung des anderen stehen zu lassen, stellt einen
wesentlichen Teil von Akzeptanz dar. Die je eigene Wahrnehmung stehen zu lassen, ist ein wesentlicher Teil von
„Sich-selbst-Vertrauen".

Zu erläutern und zu beweisen ist nicht das Ergebnis der
subjektiven Wahrnehmung, sondern worauf sie auf dem
Weg dorthin geachtet haben. Das erhellt die individuelle Erlebensweise. Dafür ein Beispiel:

Noch einmal die Wanderung auf den Berg:
    Zwei gehen auf dem gleichen Weg, keine erzählt von dem, wor-
auf sie achtet. Sie sprechen von jüngsten Ereignissen.
    Oben angekommen erzählt die eine, sie habe einen Adler Kreise

ziehen sehen und kurz unter einer Bergspitze ein Rudel Tiere, das müssen wohl Gemsen gewesen sein. Auch sei ihr noch nie die Baumgrenze so aufgefallen. Sie sei richtig beflügelt gewesen und zufrieden bei soviel Weite und guter Luft.

Die andere berichtet:
Ihr seien die intensiven Farben der Bergblumen aufgefallen. Einmal habe ein Goldsalamander ihren Weg gekreuzt. Ihr gehe es aber insgesamt nicht so gut. Sie plage sich mit einer Blase am Fuß, wollte die andere in ihrer offensichtlichen Begeisterung nicht stoppen.

Wäre der letzte Satz nicht, könnte man glauben, jede erzähle von einer anderen Wanderung. Doch man käme auch nicht auf den Gedanken, die Erzählung beider in Frage zu stellen. Sie sind betroffen von dem, was die andere neben ihr, von ihr unbemerkt, gesehen und empfunden hat. Jede hätte gerne am Erleben der anderen teilgehabt und sich darauf bezogen. Sie ärgern sich, daß sie sich durch Sprechen über Vergangenes von dem bereichernden Austausch über das Gegenwärtige ablenken ließen. Auf Ergänzung, Vertiefung, Bereicherung, Rücksicht und Anteilnahme haben sie verzichtet.

Was ich damit in Bezug zu Anleitung aufzeige, ist die Tatsache von unterschiedlicher Wahrnehmung ein und derselben Sache. Selbst wenn in der Anleitung vorher festgelegt ist, worauf man achten wird – was allerdings sehr nützlich wäre –, gibt das dennoch nicht die Garantie, zu denselben Ergebnissen zu kommen.

In einem eigenen Kapitel ist unter „Beurteilen" das Rückmelden bzw. Feed-back-Geben prozeßbegleitend nachzulesen. Es ist in jeder Phase bedeutsam; die Praktikantin wird befähigt, selbst zu erkennen, welchen Übungsbedarf sie noch hat. Sie wird in die Lage versetzt, ihren eigenen Lernstand zu bestimmen. Ihr dazu zu verhelfen, ist ihr die Anleiterin schuldig.

Ausbildungsplan 2. Phase
üben – ausprobieren

interner Rahmen für Praktika	individueller Ausbildungslan
Praxisstelle und Anleiterin bieten:	
den **Rahmen** für die Beteiligung in allen Bereichen für gelenkte und spontane Aktivitäten mit einzelnen und Kleingruppen,	Wofür benötigen Sie welche Hilfe?
deren Mitplanen, Beobachten und Auswerten.	In welchem Bereich sind Übungsaktivitäten von Ihnen gewünscht?
Teilnahme an internen Dienstbesprechungen, Fallbesprechungen, Rahmenplanung.	Welche Problembereiche möchten Sie bezogen auf Ihr Ausbildungsziel näher kennenlernen?
Bereitschaft zu spontanen, kurzen Gesprächen, von uns beobachtetes pädagogisches Verhalten der Praktikantin anzusprechen und weitere Ziele aufzuzeigen,	
eigenes pädagogisches Handeln im allgemeinen und in konkreten Situationen hinterfragen zu lassen und zu begründen,	Woran entzünden sich Fragen, was beschäftigt Sie dabei?
berufliche und fachliche Fragestellungen zur Entwicklung spezifischen Problembewußtseins aufzugreifen,	Woran besteht Gesprächsinteresse?
Wissenslücken der Praktikantin, Erfahrungsdefizite, Fehler als wichtige Lernchancen anzuerkennen, zu nützen und im Gespräch zu klären,	Was empfinden Sie als solche? Welche Defizite erleben Sie, wollen Sie aufholen, abbauen und wie?
das vorher Genannte nicht stillschweigend als „sie kann es nicht" bis zur Beurteilung zurückzustellen.	Welcher Informationen zu Ihrer fachlichen Rolle und welcher Rückmeldungen bedürfen Sie, um Sicherheit zu gewinnen?

Anleiterin und Praktikantin finden den Zeitpunkt, an dem diese Phase mit einem Gespräch zusammengefaßt und zur Phase der fachlichen Verselbständigung übergeleitet wird. In diesem Gespräch werden folgende Fragen eine Rolle spielen:

● Wie stimmt der individuelle Ausbildungsplan mit der Realität überein?
● Stehen Veränderungen an? Wenn ja, welcher Art?

Auf keinen Fall darf eine neue Zielbestimmung und Beziehungsklärung zwischen Anleiterin und Praktikantin fehlen.

Aus diesem Gespräch entsteht die Zwischenbeurteilung.

2.3.1. Zusammenfassung der zweiten Phase

Begleitung durch die Anleiterin zur Entscheidung von konkreten Übungsaktivitäten, Wiederholungen und **Unterstützung**.

Die **Anleiterin beobachtet** viel und gibt konkrete Rückmeldungen an die Praktikantin.

Die **Selbstbeobachtung** der Praktikantin kommt zur Sprache.

Sprechen miteinander zu festgelegten Zeiten und spontan.

Beziehungsklärung
unter der Fragestellung: Unterstützt die Beziehung zwischen Anleiterin und Praktikantin oder hindert sie die Praktikantin in ihrem Lernen?

Schriftliche Aufgaben für die Ausbildungsstätte.

Zwischenbeurteilung

2.4. Dritte Phase: erwerben fachlicher Selbständigkeit

Anteile der Ausbildungsstätte

Sie verlangen unterschiedliche schriftliche Arbeiten und veranstalten weiterhin Studientage. Die zuständige Praxisbetreuerin besucht die Praktikantin in ihrem Tätigkeitsbereich das zweite Mal. Den Termin hat sie der Praktikantin in der Regel lange vorher mitgeteilt, mit der Bitte um Weitergabe an die Praxisstelle.

Erlebt habe ich, daß Praxisbetreuerinnen mindestens einen halben Tag an der Praxisstelle verbrachten und wie bei dem ersten Besuch die Praktikantin mit den Kindern im Freispiel und bei gezielt methodisch vorbereiteten Aktivitäten beobachtete. Anschließend führte die Praxisbetreuerin entweder erst mit der Praktikantin allein oder gleich gemeinsam mit der Anleiterin ein Auswertungsgespräch.

Benotet wird die Praktikantin bei beiden Besuchen von der Praxisbetreuerin. Deren Benotung bezieht sich auf andere Gesichtspunkte, als sie der Beurteilung durch die Anleiterin zugrunde liegen. Die Praxisbetreuerin beobachtet und benotet vor allem, wie mir mitgeteilt wurde,

● das situative Handeln, nicht einen kontinuierlichen Lernprozeß,
● das Umsetzen von Wissen und
● Fertigkeiten,
● geplante und spontane Aufgaben während des Besuches, gegliedert in Lernziele, Planung, Durchführung und Reflexion.

Viele Jahre war es üblich, daß die Praxisbetreuerinnen Anleiterinnen mit der Frage: Und wie sind Sie denn mit ihr zufrieden? zum Reden über die Praktikantin in deren Abwesenheit veranlaßten. Diese Gepflogenheit nahm stark ab, wurde aber zu meinem Bedauern noch nicht von allen abgelegt. Ich denke, die Praktikantin ist ein erwachsener Mensch und kein Schulkind, über das man vor der Klassentüre mit der Lehrkraft spricht.

Anteile der Praktikantin

Sie kennt nun den Regeltagesablauf, die Kinder, weitgehend deren Eltern, ihre Kolleginnen, die äußeren Bedingungen und Einflüsse. Ihre Beziehungen zu den Bezugsgruppen sind entweder bewußt aufgebaut oder eben gewachsen, jetzt beschreibbar. Vom punktuellen Üben in Abhängigkeit von der Anleitung löst sie sich allmählich. Ihr nächster Schritt weiter bedeutet, das Geschehen in Zusammenhängen wahrzunehmen. Z.B. aus einer 14tägigen genauen Beobachtung der Kinder beim Freispiel erarbeitete sie ein Soziogramm und zieht daraus weitere pädagogische Schlüsse im Interesse einzelner und der Gruppe, oder sie übernimmt die Freispielführung alleine und selbständig.

Aus der Diagnose ihres eigenen Lernstandes, aus der sie eigene Stärken, Schwächen, Defizite ersehen kann, wird sie Aufgaben übernehmen, zwar in Absprache mit der Anleiterin, jedoch aufgrund ihrer Initiative. Es ist ein Wesensmerkmal dieser Phase, das Gesamtgeschehen in den Blick zu nehmen. Auch gegebenenfalls eine längere Abwesenheit (ca. eine Woche) der Gruppenleiterin zu überbrücken.

Bezüglich des Austausches der beiden gehe ich davon aus, daß die Praktikantin in den bisherigen Gesprächen mit der Anleiterin über ihre Erfahrungen im Tagesablauf mit den Kindern und aus ihrem eigenen beruflichen Handeln gesprochen hat. Daß sie zur Anleiterin Vertrauen gewinnen mußte, bis sie auch über ihre Gefühle bei dem Geschehen reden konnte und über das, was sie sich an Können und Wissen konkret erworben hat. Das Handeln nach fachlichen Maßstäben stand im Vordergrund der Gespräche. Etwa, nach welchen Gesichtspunkten hat sie sich für dieses konkrete Tun entschlossen? Wie war es aufgebaut, die Interessen der Kinder – wurden sie berücksichtigt? Welche theoretischen Gedanken auf ihr Wissen gründend begleiteten Vorhaben und Durchführung? Was wurde für die Kinder und die Praktikantin bedeutsam?

Ein weiterführender Schritt in Richtung auf das Finden beruflicher Identität besteht darin, zu beginnen, sich eine tiefer führende Dimension zu erschließen. Es handelt sich dabei um die persönlichen Einstellungen und Haltungen, die eigene Prägung mit Normen, Menschenbild und Weltanschauung. Ganz grundsätzlich wird der Umgang mit Menschen daraus beeinflußt. *Diese Dimension bildet die Basis für das beruflich-ethische Handeln.*

Anteile der Anleiterin

Sie gibt Anregungen, ermutigt die Praktikantin zur Eigeninitiative und überläßt ihr zugleich den Entfaltungsspielraum dafür. Sie wird u.U. auf das Durchsetzen eigener Vorstellungen verzichten und sich selbst neuen Erfahrungen stellen. Ein guter pädagogischer Grundsatz: „An den Stärken ansetzen" hat auch in der Anleitung seine Gültigkeit. Aufgaben und Zuständigkeiten sind neu festzulegen. Sie darf die Praktikantin zunehmend in die Selbstverantwortung für die Erfüllung von Aufgaben und für ihr Lernen entlassen. Auch steht der Anleiterin zu, sich durch Aktivitäten der Praktikantin da und dort Entlastung zu holen.

Sie arbeiten zusammen. Sehr viel Anleitung geschieht dadurch, daß die Anleiterin miterleben läßt, wie sie die Realität bewältigt, wie und ob sie ihrer Freude, ihren Enttäuschungen bei der Arbeit Ausdruck verleiht. Es ist kein steriler Raum, in dem Anleiterin und Praktikantin wirken. Er steckt voller Lebendigkeit und unberechenbarer Ereignisse. Aus welcher Haltung und Einstellung heraus die Anleiterin damit fertig wird, hat prägenden Einfluß auf die Persönlichkeit der Praktikantin. Die Begründungen für ihr eigenes Handeln aus ihrem persönlichen Hintergrund eröffnen der Praktikantin neue Sichtweisen. Der inhaltlichen Weite fügt sie persönliche Tiefe zu. Sie regt die Praktikantin an, selbst ihre Einstellung zu dem erwählten Beruf näher zu betrachten und auf ihre Tragfähigkeit hin zu prüfen. Durch begleitende Rückmeldungen unterstützt sie die Praktikantin, sich selbst in der Rolle der Erzieherin wahrzunehmen. Auf diesem Weg gewinnt die berufliche Persönlichkeit der Praktikantin immer mehr Profil.

Ausbildungsplan 3. Phase
erwerben fachlicher Selbständigkeit

interner Rahmen für Praktika	individueller Ausbildungsplan

Praxisstelle und Anleiterin bieten:

Anregung und **Ermutigung** zur Eigeninitiative Selbständigkeit.

Wo liegen Ihre Lerninteressen?

Zurücknehmen eigener Vorstellungen, wo es notwendig und möglich erscheint.

Welche pädagogischen, heilpädagogischen, methodischen Ansätze möchten Sie in Erfahrung bringen und wie?

Offenheit in der Darstellung eigener Pädagogik innerhalb eines Konzeptes.

Was entspricht Ihren Erwartungen und Annahmen? Haben Sie Änderungsvorschläge auch für deren Umsetzbarkeit?

Gesprächsbereitschaft, eigene Einstellungen und berufliche Haltung mitzuteilen und zu reflektieren.

Welche Motivation, Einstellungen bewegen Sie?

Ein Gespräch wird klären, wann dem Stadium von Verselbständigung Schritte des Ablösens hinzugefügt werden.

2.4.1. Zusammenfassung der dritten Phase

Unterstützung zur Verselbständigung.

Übungsfeld geben zur Verselbständigung.

Rückmeldung geben.

Weiterführende Gespräche zur beruflichen Identität.

Überprüfen der Forderungen und Aufgabenstellung auf das Ausbildungsziel hin.

Berichtsabgabe an die Ausbildungsstätte.

Hinführen zum **Beginn der Ablösung**.

2.5. Vierte Phase: auswerten, Abschied vorbereiten, beurteilen

Anteile der Ausbildungsstätte

Sie verlangt die Abgabe der schriftlichen Arbeiten. Die letzten zusammenfassenden Studientage sind dem Einstellen auf das Abschiednehmen von Ausbildungsstätte und Praxisstelle vorbehalten, bevor die Ausbildungsstätte ihren Lehrauftrag mit dem Kolloquium und der Note dafür abschließt.

Anteile der Praktikantin

Ihr Status und Stand haben sich verändert. Sie kennt den Stil der Einrichtung, prägt selbst zum Teil die Atmosphäre. Ich nehme an, der Austausch zwischen Anleiterin und Praktikantin ist inzwischen kollegialer geworden. Von sich aus kann die Praktikantin möglicherweise der Anleiterin als Kollegin verstehend begegnen, nicht mehr nur mit deren Verständnis rechnen.

Für beide wird es vermutlich etwas schwerer, die beruflich emotionale Beziehung wie früher beschrieben aufrecht zu erhalten. Die Nähe ist gewachsen, auch zu den Kindern und anderen Mitarbeiterinnen.

a) Den Abschied vorbereiten – Ablösung

Die sogenannte „Ablösungsphase" beginnt. Die Praktikantin wird sich mit dem, was nach diesem Anerkennungsjahr sein wird, beschäftigen. Die letzte bevorstehende Prüfung nimmt ihre Gedanken gefangen. Darf sie sich zum Schluß so ablenken lassen von denen, die ihr in diesem Jahr ans Herz gewachsen sind? Manche erschrickt: „Durfte ich sie, die Kinder, die Kolleginnen überhaupt so nah an mich heranlassen und so mögen?"

Was bedrängt diejenige, die so fragt? Das Gespräch mit der Anleiterin, das einmal dem Thema „Ablösung" gewidmet sein sollte, kann aufdecken, was in letzter Zeit mancher Praktikantin Not macht. Ich habe Praktikantinnen erlebt, die sich für besonders verantwortungsbewußt hielten, wenn es ihnen gelang, jedes Kind „gleich" zu mögen, gern zu haben und zu behandeln. Sie gestanden sich nicht zu, daß es Kinder gab, die sie lieber als andere mochten. Auch glaubten einige, sie müßten emotionalen Abstand halten, um die Kinder nicht an sich zu binden. Aus Angst vor Bindung gingen sie keine Beziehung ein. Sie waren vom ersten Tag an bedacht, keinen Abschiedsschmerz am Schluß aufkommen zu lassen. Bei sich selbst? Bei anderen?

Es gab auch gegenteilige Erfahrungen. Praktikantinnen, die auf alle zugingen, um möglichst schnell „vertrauensvolle" Beziehungen herzustellen. Hier ging es darum, gebraucht zu werden, um handlungsfähig zu sein. Für sich selbst? Für andere?

Beides ist menschlich: Für andere etwas zu wollen und für sich etwas zu wollen. Das ist auch im Beruf legitim. Im sozialpädagogischen Beruf allerdings besteht dazu die Forderung, sich dessen bewußt zu werden, um sich in der Beziehung eindeutig, für andere nachvollziehbar, darzustellen. Von Kindern weiß ich, daß sie wie Meßgeräte empfinden.

Eine Praktikantin hatte mit einem Jungen ganz besondere Schwierigkeiten. Sie fühlte sich durch Kolleginnen bestätigt, denen das Kind auch nicht unproblematisch erschien, daß es eben ein schwieriges Kind sei. Ihren pädagogischen Auftrag nahm sie ihm gegenüber besonders ernst, bemühte sich sehr um diesen Jungen und beteuerte überzeugt, daß sie ihn wie alle anderen liebe. Das Kind aber sagte: „Die lügt, die sagt was anderes, als sie denkt." Die Beziehung stimmte nicht; das spürten alle zwei. Später, als der Junge nicht mehr in der Gruppe war, erkannte sie betroffen, wenn sie sich heute die Beziehung ansähe, wisse sie erst, daß sie ihn nicht mochte. Damals hatte sie sich selbst belogen, wohl nicht ahnend auch den Jungen. Doch das Kind hat ihre Wahrheit erspürt.

Das Thema „Beziehung" ist ein durchgehend das ganze Praktikum begleitendes. Von der Art ihrer emotionalen Beziehungen zu den Kindern und Mitarbeiterinnen leitet sich die Art der Ablösung ab. So ist es begründbar, daß sie verschieden erlebt und verschieden gestaltet wird. Und das ist gut so.

Sieben Aspekte für eine zufriedenstellende Ablösung, die mir bedenkenswert erscheinen. Ein Rezept gibt es nicht. Auf die Praktikantin bezogen schlage ich vor:

1. Die Rolle, Funktion und Dauer ihres Hierseins in der Einrichtung den Kindern begreifbar nahe zu bringen.

2. In sich selbst hineinzuspüren, welche Gefühle sie den einzelnen Kindern und Mitarbeiterinnen gegenüber bewegen. Sie zuzulassen, auch wenn sie Antipathie signalisieren, und im Gespräch mit der Anleiterin zu reflektieren.

3. Ihren momentanen Gefühlen zu vertrauen und sie so echt wie möglich jetzt in der konkreten Situation zu erleben.

4. Nicht zu vergessen, daß es sich zwar um emotionale, doch berufliche Beziehungen handelt, die von der Emotionalität in privaten Beziehungen zu unterscheiden sind. Über die Bedeutung der eigenen Gefühle für sich selbst bewußt zu werden.

5. Auch den Kindern gelegentlich an den Plänen für ihr Leben nach dem Praktikum Anteil zu geben und erinnern, wie lange sie noch da sein wird.

6. Bis zum Schluß den wie auch immer gearteten, reflektierten, emotionalen Beziehungen treu zu bleiben, aber keine Versprechungen für die Zeit nach der Trennung zu machen.

7. Den Schmerz des Abschieds sich und anderen zuzugestehen. Trost besteht bereits in der Erlaubnis, traurig sein zu dürfen.

Die gemeinsamen Erfahrungen in diesem Jahr mit Kindern und Kolleginnen sind gewiß für alle bedeutsam geworden. Was erlebt wurde, ist wertvoll und eine Bereicherung in diesem Lebensabschnitt. Es ist nicht Untreue, von Bekanntgewordenem und Liebgewordenem Abschied zu nehmen. Nicht, wenn Beziehungen eindeutig auf den abgesteckten Zeitraum des Praktikums hin gestaltet waren und keine Hoffnungen darüber hinaus gemacht werden.

Der gute Abschied von den Kindern ist auch im Blick auf eine nachfolgende Praktikantin zu leisten. Die Kinder sind vor einem Konflikt in ihrem Treueempfinden zu bewahren. Sie brauchen die indirekte Erlaubnis, die scheidende und die kommende Praktikantin mögen und auf sie zugehen zu dürfen.

b) Eigene Auswertung des Praktikums

Die Reihenfolge meines Vorgehens hier entspricht ganz meiner Überzeugung, nämlich daß Denkarbeit am besten gelingt, wenn der Gefühlshaushalt durchschaubar geworden ist.

Auswerten durch die Praktikantin verlangt von ihr, zu überlegen: Was habe ich in meinem Praktikum angestrebt? Welche Erwartungen, welche Ziele hatte ich? Was habe ich mit welchen Mitteln und Methoden erreicht? Wie hilfreich konnte ich meinen individuellen Ausbildungsplan nutzen? Konnte ich mir Hilfe holen und wie? Welche Praxis-/Theoriezusammenhänge konnte ich herstellen? Wie schätze ich meinen pädagogischen Umgang mit den Kindern ein? Hat sich durch mich in der Gruppe bzw. Praxisstelle etwas verändert? Wobei habe ich mich in meinem fachlichen Handeln verändert und weiterentwickelt? Welche weiteren Lernziele strebe ich an?

Auch an dieser Stelle noch einmal die Frage nach der eigenen Emotionalität. Habe ich meine Gefühle wahrgenommen, zugelassen, gezeigt? Welche Erfahrungen habe ich damit gemacht? Wie beschreibe ich nach diesem Jahr meine Einstellung und Haltung gegenüber meinem erwählten Beruf? Stelle ich berufspolitische Erwägungen an und wenn ja, welche? Habe ich mich von meiner Schülerrolle gelöst?

Sich diese oder ähnliche Gedanken zu machen vor dem Beurteilungsgespräch mit der Anleiterin halte ich so am Schluß noch einmal für eine enorme Hilfe, sich ihres Standes als Berufsperson bewußt zu werden. Ob sie das schriftlich tut, bleibt der Praktikantin überlassen. Sie braucht die Selbsteinschätzung, um auf beiden Beinen stehen zu können. Die Fremdeinschätzung allein, die nun durch die Anleiterin folgt, genügt nicht für den sicheren Schritt in die berufliche Zukunft.

Für das Kolloquium, die letzte mündliche Prüfung, kann es nur nützlich sein, sich mit diesen Fragen auseinandergesetzt zu haben.

Die Ausbildung ist damit abgeschlossen. Basiserfahrungen, Basiswissen für einen sozialpädagogischen Beruf sind erworben. Jetzt hat jede die Freiheit, ihren Ausblick dahin-

gehend zu erweitern, wohin sie ihre Defizite oder Interessen
führen.

Anteile der Anleiterin

In dieser letzten Phase ist die Anleiterin erneut verschiedenen Belastungen und Ansprüchen ausgesetzt. Sie steht vor
Entscheidungen für Aufgaben/Bereiche, die sie der Praktikantin zur weiteren Verselbständigung überlassen kann und
für Bereiche, die sie selbst bereits wieder in die Hand nehmen muß. Dies, weil es Aufgaben sind, die über die Dauer
des Praktikums hinaus bestehen.

Sie hat den Ablösungsprozeß zwischen Praktikantin und
Kindern mit wachen Augen zu begleiten, ohne in deren Beziehung einzugreifen, was nicht leicht ist; es gilt, mit erzie-
herischem Takt den bevorstehenden Abschied einzuläuten.
Selbst muß sie sich ja auch damit auseinandersetzen. War es
ein gutes Miteinander, fällt der Gedanke an Trennung
schwer. War das Jahr nicht so gut wie gewünscht, fällt etwas
anderes schwer: nämlich sich einzugestehen, daß man froh
ist über das Ende, und doch ehrlich und fair zur Praktikantin sein zu wollen. Sich darauf zu besinnen, daß es sich um
eine berufliche Beziehung handelte, ist u.U. recht entlastend.

Egal wie ein Praktikum verlaufen ist, bleibt für die Anleiterin ein Reflexionsbedarf zurück. Sich zu fragen, woran lag
das Zustandekommen einer sich ergänzenden Beziehung
oder eben deren Gegenteil? Waren es die Bedingungen? Lag
es an mir? Lag es an der Praktikantin? Oder an äußeren Ein-
flüssen?

Aus zwei wesentlichen Gründen ist es entscheidend für
die Anleiterin, sich mit diesen Fragen zu befassen, denn

a) nachdem sie sich auf die Beurteilung der Praktikantin
   vorbereitet, kann sie manche unbewußten Einwirkungen
   darauf ausschließen und ihre beurteilenden Aussagen kla-
   rer begründen,
b) bei der zukünftigen Aufnahme von Praktikantinnen hat
   sie die Erkenntnisse aus ihrer Reflexion als weitere Aus-
   wahlkriterien zur Verfügung.

So, wie die Praktikantin vor der End-Beurteilung sich zu einer eigenen Auswertung zurückziehen sollte, halte ich es für angebracht, daß sich auch die Anleiterin zu der oben beschriebenen Reflexion zurückzieht. Vielleicht mit Hilfe von Supervision.

Das gemeinsame Auswertungsgespräch und die daraus entwickelte schriftliche Beurteilung tragen die Chance in sich, der Beziehung noch einmal eine besondere Tiefe zu verleihen. Das Lehr-/Lernverhältnis ist beendet, und der Anleitungsauftrag ist erfüllt.

Ausbildungsplan 4. Phase
auswerten, Abschied vorbereiten, beurteilen

interner Rahmen für Praktika	individueller Ausbildungsplan
Verantwortliche **Beteiligung** an Veranstaltungen.	Welche Übungsmöglichkeiten wünschen Sie noch zu nutzen?
Gespräch und **Verständigung** über den kommenden Abschied.	Welche Vorstellungen von Ablösung haben Sie?
Einigung über den Stil der Ablösung.	Wie wollen Sie Ihre Ablösung und Trennung gestalten?
Anregung für die **eigene Auswertung**.	Haben Sie oder wollen Sie Fragen zur eigenen Auswertung?
Das gemeinsame **Auswertungsgespräch**.	Ihr Grad an Beteiligung?
Die gemeinsame Erarbeitung der **Beurteilung**.	Welchen Stellenwert geben Sie dem Ergebnis der eigenen Auswertung im abschließenden Beurteilungsgespräch?

Diese beruflich emotionale Beziehung im Lehr-/Lernverhältnis wird abgeschlossen.

2.5.1. Zusammenfassung der vierten Phase

Erweiterung und Abgrenzung von Aufgaben und Bereichen.

Gespräch über **Ablösung**.

Auswertung durch die Praktikantin und die Anleiterin.

Beurteilung schreiben.

Abschiedsfest und **Trennung**.

Das Beurteilen

Wer A sagt,
muß auch B sagen.
Wer anleitet,
muß auch beurteilen!

---

1. Hinführung

Das Beurteilen kann man sich erleichtern, indem man sich von vornherein darauf einstellt, eine Lernende, eine Praktikantin durch Rückmeldungen in ihrem Lernprozeß zu begleiten und sie auf sich selbst aufmerksam zu machen.

Ich habe nun die Form von Rückmeldungen über das ganze Jahr in Schritte aufgelöst und den Phasen zugeordnet. So beginne ich das ungeliebte Kapitel „Beurteilung" mit dem Rückmelden. (Siehe auch Schema S. 134 f.)

---

2. Das Rückmelden, Feed-back-Geben

Ganz allgemein ist es für die Anleiterin hilfreich, bevor sie Rückmeldungen gibt, in sich hineinzuhorchen. Was löst das Zusammensein mit der Praktikantin oder deren Umgang mit den Kindern in ihr aus? Welche Gefühle, Körpersignale, Gedanken nimmt sie diesbezüglich bei sich wahr?

Wie kann nun das Feed-back-Geben schrittweise bis zur Beurteilung aufgebaut werden? Ich stelle hier *eine* Möglichkeit vor:

In der 1. Phase ist das Sicherheitsbedürfnis der Praktikantin noch am stärksten. Deshalb braucht sie zunächst Bestätigung. Diese erhält sie, indem sie unmittelbar und konkret erfährt, was die Anleiterin als angenehm und der Situation entsprechend erlebte. Fachliche Bewertungen halte ich für verfrüht, wogegen ich Mitteilungen der Anleiterin über ihr eigenes Erlcbcn im oben beschriebenen Sinn für angebracht halte. Daraus kann sich ein sogenanntes Anleitungsgespräch entwickeln.

In der 2. Phase bietet die Anleiterin Gesichtspunkte an, die für die Praktikantin bei der Durchführung geplanter und spontaner Aktivitäten besonders beachtenswert sind. Nach vorher festgelegten fachlichen Beobachtungspunkten findet jeweils anschließend ein Austausch von Selbst- und Fremd-wahrnehmung statt. Die Anleiterin teilt ihre Eindrücke mit und die Praktikantin äußert, wie sie sich selbst erlebt hat. Durch öfterе Wiederholungen dieses Vorgehens erhält die Anleiterin Material für die Zwischenbeurteilung. Weitere Lernziele können festgehalten werden.

In der 3. Phase scheint es möglich, gemeinsam Gesichts-punkte festzulegen, nach denen das Lernen der Praktikantin beobachtet und eingeschätzt wird. Diese Gesichtspunkte sollen sich am praktischen Tun und an dem, was an Haltung und Einstellung sichtbar wird, orientieren.
Die Anleiterin hat der Praktikantin modellhaft aufgezeigt, Rückmeldungen (Feed-back) zu geben. In die Anleitungsge-spräche fließt jetzt auch Rückmeldung ihrerseits ein. Man kann das auch Praxis der konstruktiven Kritik nennen. Zwar ist vorrangig der Lernschritt der Praktikantin zu reflektie-ren, doch dient es dem Aufbau von Partnerschaft, wenn auch die Anleiterin ihre Selbstwahrnehmung mitteilt.

In der 4. Phase wird der Schlußpunkt des Feed-backs er-reicht: die Beurteilung. Ich möchte das so ausdrücken. Der vierte Schritt ist die Frucht, die aus den vorhergehenden er-wächst. Mit der Lernprozeßbegleitung durch das Rückmel-den ist wie aus Mosaiksteinen ein Bild entstanden, das es jetzt zu beschreiben gilt. Die Beschreibung dieses Bildes, in die wie selbstverständlich die Bewertung durch die Anleite-rin einfließt, kann dann nur unverwechselbar diesen einen Menschen meinen.

Als Anhaltspunkte und zur Unterstützung für die Rückmeldungen biete ich hier „Günstige Formen von Feed-back" aus dem Buch: „Anleitung zu sozialem Lernen für Paare, Gruppen und Erzieher", von Lutz Schwäbisch/Martin Siems an:

1. Gib Feed-back, wenn der andere es auch hören kann.
2. Feed-back soll so ausführlich und konkret wie möglich sein.
3. Teilen Sie Ihre Wahrnehmungen als Wahrnehmungen, Ihre Vermutungen als Vermutungen, Ihre Gefühle als Ihre Gefühle mit.
4. Feed-back soll den anderen nicht analysieren.
5. Feed-back soll auch gerade positive Gefühle und Wahrnehmungen umfassen.
6. Feed-back soll umkehrbar sein.
7. Feed-back soll die Informationskapazität des anderen berücksichtigen.
8. Feed-back sollte sich auf begrenztes konkretes Verhalten beziehen.
9. Feed-back sollte möglichst unmittelbar erfolgen.
10. Die Aufnahme von Feed-back ist dann am günstigsten, wenn der Partner es sich wünscht.
11. Sie sollten Feed-back nur annehmen, wenn Sie dazu auch in der Lage sind.
12. Wenn Sie Feed-back annehmen, hören Sie zunächst nur ruhig zu.
13. Feed-back geben bedeutet, Informationen zu geben und nicht, den anderen zu verändern.

3. Der Vorgang des Beurteilens

3.1. Eigene Erfahrungen mit dem Beurteilen

Es waren sehr viele Beurteilungen im Laufe der Jahre, an denen ich beteiligt war und die ich mit zu verantworten hatte. Selbst wenn ich dann und wann stöhnte über die Menge, verlor ich nicht die Neugier auf die wieder einmalige Persönlichkeit. Durch die vielen gegenseitigen Informationen und persönlichen Mitteilungen beruflicher Art während eines Praktikums war meist eine vertrauensvolle, fachliche Atmosphäre entstanden. Das war eine gute Basis für die Auswertung und das Beurteilungsgespräch.

Wohl keines dieser Gespräche ging spurlos an mir vorüber. Wenn am Ende eine Praktikantin sagen konnte: „Das bin ich", waren wir zufrieden. Auch Anleiterinnen bestätigten, daß Beurteilungsgespräche für sie selbst einen enormen Lerneffekt besitzen.

Sie, die Anleiterinnen, waren es, die den begleitenden Beurteilungsprozeß durch Rückmeldungen erfüllten. An der Zwischen- und Endauswertung der jeweiligen Lernstandbestimmung war ich beteiligt. Übrigens auch bei den Erstgesprächen. Meine Funktion bei den Beurteilungen bestand

a) in der Gesprächsführung, zur Entlastung der direkt Betroffenen, damit sie sich so ungebunden wie möglich einbringen können,

b) in der Aufmerksamkeit gegenüber der Färbung von wertenden Aussagen durch Sympathie, Antipathie oder zu stark subjektiven Maßstäben,

c) darin, Vorschläge für die schriftliche Formulierung des Beurteilungsergebnisses zu machen.

Je besser die Rückmeldungsbegleitung durch die Anleiterin das ganze Jahr über war, desto weniger Zeit und Energie benötigten wir jetzt. Problematische Anleitungsprozesse nahmen im Auswertungsteil viel Zeit in Anspruch. Unser Zeitaufwand betrug zwischen zwei und vier Stunden.

Wir formulierten meistens frei, weil wir davon überzeugt waren, so der Praktikantin individueller Ausprägung von Fachlichkeit näher zu kommen. Wir machten die erstaunliche Erfahrung, daß uns die unterschiedlichen Menschen zu ihnen entsprechenden Formulierungen animierten und die Beurteilungen nicht vergleichbar wurden. Die Praktikantinnen empfanden das, wie sie sagten, als sehr angenehm und als Akzeptanz ihrer Individualität.

Wir ließen uns allerdings von den groben Gesichtspunkten der Ausbildungsstätten leiten. Als solche waren sie sehr hilfreich. Jedoch verwendeten wir selten die ausführlichen Formulare, bei denen man nur Kreuzchen machen mußte und wenn, dann nicht ohne persönlichen Zusatz.

Es gab dreierlei Gründe, wenn wir das Formular der Ausbildungsstätte benützten:

● Weil es so aufgebaut war, daß wir trotzdem der persönlichen Ausprägung der Praktikantin weitgehend gerecht werden konnten.
● Weil es ganz einfach bequemer war.
● Weil es uns bei sehr komplizierten Menschen mancher Peinlichkeit enthob.

Eines Tages ging uns ein Licht auf und wir realisierten ganz klar, daß in dem Beurteilungsgeschehen logischerweise die Praktikantin gemeint ist und dessen Ziel nicht die Ausbildungsstätte ist. Unser bisheriger Umgang damit wurde uns bewußt, er war nicht so logisch. Wir waren nämlich zielgerichtet auf die Ausbildungsstätte und glaubten, ihr mit der schriftlichen Beurteilung ausführliche Informationen über den Stand der Praktikantin geben zu müssen. Daß die Ausbildungsstätte Informationen und unsere Stellungnahme braucht, blieb uns einsichtig, und wir gaben sie selbstverständlich zukünftig weiter und sogar meistens termingerecht.

Wir veränderten indes die Prioritäten. Die Praktikantin erfuhr so umfassend und detailliert, wie es uns möglich war, wie sie erlebt wurde. Für *ihre* zukünftige berufliche Rolle ist die Einschätzung in Fremd- und Selbstwahrnehmung maßgebend, nicht für die Ausbildungsstätte. Für diese ist die schriftliche Stellungnahme der Praxisstelle eine Information zur Abrundung ihrer abschließenden Beurteilung.

Erreicht haben wir mit unserem Vorgehen eine Angstminderung vor der schriftlichen Festlegung durch die Beurteilung. Für die Praktikantinnen war das Aufschreiben der Mitteilungen an die Ausbildungsstätte nur noch einmal Bestätigung des Gehörten. Erstens wußten sie differenzierter als die Ausbildungsstätte über das, was auf dem Papier über sie stand, Bescheid und zweitens war es kein Zeugnis, das ihr auszuhändigen gewesen wäre.

Auch uns entlastete diese Klärung von Priorität. Wesentlich war nun nicht mehr, ob wir sehr ausführlich oder sehr essenziell formulierten. Die Vereinbarkeit unserer Aussagen mit der Note, die wir darunter setzen mußten, hielten wir für ausschlaggebend. – Im übrigen ist die Notengebung durch die Praxis sehr in Frage zu stellen. Diese Noten beziehen sich auf Persönlichkeitsmerkmale, auf die subjektive Umsetzung des Gelernten in fachliches Handeln, und die Deutung dessen geschieht wiederum durch eine Persönlichkeit, die eigenen Gesetzmäßigkeiten folgt. Diese Note kann nicht auf korrekt vergleichbare Leistungen bezogen, nachkontrolliert und in dem schulischen Notensystem „gerecht" untergebracht werden.

3.2. Grundsätzliches zum Beurteilen

Das Beurteilen ist kein einmaliger Akt bzw. zweimaliger mit Zwischenbeurteilung. Es ist ein Prozeß, der sich durch das ganze Praktikum zieht.

● In den beschriebenen Feed-back-Schritten liegt der Beginn und der Weg des Beurteilens.
● sowohl in der Zwischenbeurteilung als auch in der Endbeurteilung findet die Diagnose des derzeitigen Lernstandes der Praktikantin statt.
● Die ermittelte Eignung kann zu Prognosen, bezogen auf die Entwicklung der sozialpädagogischen Fachperson führen.
● Weitere Zielvorstellungen, die aus dem Beurteilungsgespräch entstanden sind, halte ich für ein Zeichen von Lernoffenheit und somit für erwähnenswert.

Die Beurteilungssituation beginnt ja bereits mit dem Vorstellungsgespräch. Und ebenso die Angst der Praktikantin vor dem Neuland.

Deshalb versäumten wir im Erstgespräch jedes Praktikums nicht, Sicherheitsfaktoren anzubieten in Form von Zusagen, die Vertrauen schaffen. So sicherten wir, die Anleiterin und ich, zu:

1. Verschwiegenheit zu üben gegenüber anderen Personen, die an ihrer Ausbildung beteiligt sind. Wir werden mit der Praxisbetreuerin nicht *über* die Praktikantin, nur *mit* ihr gemeinsam sprechen. Es fiel mir nicht immer leicht, so diszipliniert an mich zu halten. Eines Tages sagte ich mir aber, was ich nicht wage, der Praktikantin selbst zu sagen, erlaube ich mir auch nicht, anderen über sie zu sagen. Wem würde es auch nützen? Ausnahmen, die in

der Gesamtpersönlichkeit der Praktikantin lagen, habe ich sehr wohl auch erlebt.

2. Daß Fehler gemacht werden dürfen. Nicht sie werden für uns Bewertungskriterien sein, sondern wie Fehler als Lernchance genutzt werden.

3. Daß die Praktikantin alle nötigen Informationen und Quellenangaben abrufen kann und, soweit vorhanden, erhält. Fragen seien erwünscht. Anfangs rechnen wir mit vorwiegend Orientierungsfragen. Zunehmend mehr dann mit fachlichen Problemstellungen.

4. Daß gemeinsam ermittelt wird, worauf es in ihrem Praktikum ankommt und wer in diesem Lernprozeß wann welche Verantwortung hat. Lang-, mittel- und kurzfristige Ziele für ihren individuellen Ausbildungsplan werden gesucht.

5. Daß der Rahmen geboten wird, sich selbst auszuprobieren, und sie Gelegenheit erhalten wird, ihre wachsende Kompetenz zu zeigen.

6. Daß einer späteren Beurteilung Kriterien zugrunde gelegt werden, über die sie von Anfang an informiert wird. Außerdem wird sich die Beurteilung an konkret beobachteten Situationen und der anschließenden Reflexion orientieren sowie an der Rückschau auf ihren gesamten Lernprozeß.

7. Daß die schriftliche Zwischen- und Endbeurteilung als Ergebnis eines Auswertungsgespräches gemeinsam formuliert wird. Bestehen Unterschiede in der Selbst- und Fremdwahrnehmung, werden beide Sichtweisen geschildert werden. Die Note allerdings *muß* sich auf die Schlußfolgerungen der Anleiterin beziehen.

3.3. Bedingungen zur Durchführung des Beurteilens

Wir legten Wert darauf,

● für die Beurteilung genügend Zeit vorzusehen, zwischen zwei und vier Stunden;
● äußere Störungen auszuschließen, keine Telefonate;
● das Gespräch nicht zu einem Zeitpunkt zu führen, zu dem eine der Beteiligten gesundheitlich beeinträchtigt ist oder unter einer starken außerhalb des Praktikums liegenden emotionalen Anspannung steht;
● vor Beginn der eigentlichen Beurteilung störende Beziehungsfragen durchschaubar zu machen und evtl. zu bereinigen.

3.4. Die Leistung der Ausbildungsstätten zur Systematisierung der Praxis-Beurteilungen

Mit der wachsenden Qualifizierung und den zeitgemäßen Ansprüchen an die Ausbildung von sozialpädagogischen Fachkräften ging eine stetige Annäherung von Ausbildungsstätten und Praxisstellen, Praxis und Theorie einher. Sie bezogen sich zunehmend aufeinander und ergänzten sich.

Zu dem Thema Beurteilungen kommen mir so manche Gespräche mit Praxisbetreuerinnen in den Sinn. Sie gaben mir Anteil an ihren Bemühungen, es der Praxis mit dem Beurteilen so unproblematisch wie möglich machen zu wollen. Ihre Aufstellungen, Fragenkataloge wurden immer ausgefeilter. Sie erfragten meinen Eindruck, und wir erwogen viel hin und her. Sahen sie doch einerseits Anleiterinnen, die scheinbar locker Beurteilungen frei formulierten und andererseits die Mehrzahl derer, denen Beurteilen einer zukünftigen Kollegin enormes Kopfzerbrechen bereitete. Es war ihnen ein Anliegen, den Praktikantinnen, denen in erster Linie ihr Bemühen galt, ein faires Beurteilungsverfahren zukommen zu lassen. Jede sollte, das war ihre Absicht, in ihrer persönlichen Fachlichkeit und nicht verallgemeinert erfaßt werden. Das führte zu den sehr ausdifferenzierten Beurteilungsmerkmalen. Sie werden, was ich als angenehm empfunden habe, von den Ausbildungsstätten relativiert, indem sie darauf aufmerksam machen, nicht jeden Punkt berücksichtigen zu müssen, sondern nur diejenigen, die für diese Praktikantin zutreffend sind.

Dazu eine ganz persönliche Zwischenbemerkung. Ich verstand das Anliegen der Ausbildungsstätten und schätzte es, und trotzdem kam ich unter den Druck, eben doch zu allen Punkten Stellung nehmen zu wollen – zu müssen. Ich weiß jetzt, ich war zur Schülerin geworden unter dem eingeschliffenen, leidigen Ausdruck, „Hausaufgaben haben vollständig erledigt zu werden". Darauf mußte ich aber erst kommen, um dann locker mit dem Angebot umgehen zu können.

In vielen Beurteilungsbögen bleiben Zeilen offen für eigene Anmerkungen. Wenn es einem leichter falle, ganz frei zu formulieren, mit den wesentlichsten Gesichtspunkten, sei auch das möglich, boten einige Ausbildungsstätten an. Die abschließende Note allerdings darf nirgends fehlen.

Mich hat sehr beeindruckt, wie vor allem die Praxisbetreuerinnen die Anleiterinnen unterstützten, diese nicht im
Stich lassen wollten mit einer Forderung, die sie eben stellen
mußten. Bei allen Anstrengungen durch die Ausbildungsstätten kommt die Praxis nicht daran vorbei, sich dieser An-
leitungsaufgabe zu stellen. Manchmal fällt sie leichter,
manchmal schwerer.

Mir sind viele Auflistungen und Einteilungen zur Beurteilung bekannt, und hinter jeder spüre ich das Anliegen, genau
und hilfreich sein zu wollen, aber nicht zu anspruchsvoll.
Jede Ausbildungsstätte bietet ihren Vorschlag an, so daß ich
der Fülle von Beurteilungsschemata keines mehr hinzufügen
werde. Entscheidend ist für jede Anleiterin, sich ihren Stil zu
ermitteln und sicher danach zu verfahren.

Unabhängig davon, für welche Form sie sich entscheidet,
gibt es

3.5. Wissenswertes über das Zustandekommen
von Beurteilungen

Es handelt sich um den fachlichen Anspruch, reflektiert zu
beurteilen. Also sich nicht aufgrund zufälliger Wahrnehmungen und Beobachtungen eine Meinung zu bilden. Weiter geht es darum, das berufliche, von Gefühlen begleitete
Handeln und Lernen einer zukünftigen sozialpädagogischen
Fachkraft zu bewerten. Ihre Eignung für das spezielle Arbeitsfeld zu bestätigen, abzulehnen oder in Frage zu stellen.
Persönlichkeitsmerkmale, die eine Eignung ausdrücken für
diesen Berufszweig, sind zu beschreiben, jedoch nicht eine
Persönlichkeit in all ihren Lebensvollzügen und Eigenheiten
steht zur Beurteilung an.

Deshalb ist klar zu definieren:

1. Auf welche Gebiete sich die Beobachtungen erstrecken,
   z.B. Fähigkeiten und Können im pädagogischen Bereich.
2. Welche Verhaltens- und Ausdrucksaspekte innerhalb der
   Gebiete beachtet werden.

Unter Fähigkeiten und Können im pädagogischen Bereich:
z.B. a) Kontakte und Beziehungsaufbau
     b) Einfühlungsvermögen
     c) Freiräume bieten und notwendige Grenzen setzen
3. Woraufhin das Ergebnis von den Beobachtungen beschrieben und gedeutet wird.
   zu a) Kontakte und Beziehungsaufbau
          zielt auf erzieherischen Takt
   z.B.   geht auf die Kinder zu und wartet deren Reaktion ab. Re-
          spektiert und erfaßt, wieviel Nähe und Distanz dem Kind
          jetzt entspricht.
   zu b) Einfühlungsvermögen
          zielt auf Erkennen von Bedürfnissen bei Kindern
   z.B.   Nimmt nicht nur vordergründig Verhalten wahr, sondern
          geht auf den vermuteten Gefühlsinhalt ein.
   zu c) Freiräume bieten und notwendige Grenzen setzen
          zielt auf Flexibilität und eigene Entscheidungen
          aushalten können.
   z.B.   Zur Selbsterkundung der Kinder bietet sie Erfahrungs-
          spielräume. Wo Gefahren im Verzug sind, zieht sie si-
          cher Grenzen.

Mit diesen Beispielen liegt mir daran, zu verdeutlichen, was
ich mit Gebieten – Aspekten und Ergebnisbeschreibung
meine.

Allgemeingültige Anmerkungen:

● Eine ordnende Klassifizierung, die unmittelbar im Zusammenhang mit den zu erlernenden Inhalten und pädagogischen Handlungen steht, gibt von Anfang an beiden die
Zielrichtung für das zu Beobachtende an.
● D.h., die Anleiterin hat das Recht und die Pflicht, die
Aspekte aus den Vorschlägen der Ausbildungsstätte herauszufiltern, evtl. zu ergänzen, die das, was in ihrer Einrichtung
erlernbar ist, meinen und bezeichnen. Vorausgesetzt, sie besitzt selbst gute Kenntnisse über die Bedingungen der Einrichtung, die Kinder und das Konzept. Der Einfluß ihres eigenen Anspruchs an eine Praxistheorie spielt eine erhebliche
Rolle bei ihrer Auswahl von Kriterien zur Beurteilung.

● Mit dem Festlegen auf ganz bestimmte Beobachtungskategorien kann sie zwar die Subjektivität im Beurteilungsgeschehen nicht ausschließen, doch zu einem Teil verringern.

● Aus dem Sammelergebnis der Beobachtungen wird die Beurteilung entwickelt.

● Das Sammeln erleichtert sich die Anleiterin, wenn sie das ganze Jahr über Kurzprotokolle oder Notizen schreibt, selbst der Praktikantin bereits mitgeteilte Beobachtungen. Sie sichert sich Fakten zur Beurteilung.

3.5.1. Einflüsse, denen das Beurteilungsverhalten der Anleiterin unterliegen kann

● Nachdem Anleitung sich in der Interaktion zwischen Anleiterin und Praktikantin vollzieht, sagt die Beurteilende unvermeidbar immer auch über sich etwas aus.

● Die Wahrnehmungen und Beobachtungen bei der Praktikantin durch die Anleiterin entwickeln sich und bauen aufeinander auf. Die Anleiterin ist dabei u.U. von ihren eigenen Einstellungen und Normen sowie den internalisierten Ansprüchen ihrer eigenen Ausbildung gesteuert.

● Sie nimmt niemals ein Geschehen alles umfassend wahr. Lücken sind nicht auszuschließen.

● Anleiterin und Praktikantin stehen sich in gegenseitiger Beobachterrolle gegenüber. Dieser wesentliche Teil in ihrer Zusammenarbeit kann nur nützlich zum Tragen kommen, wenn gegenseitig Offenheit geübt wird.

● Besondere Aufmerksamkeit verdient die Erkenntnis, daß Bekanntes, die Erwartungen erfüllendes Verhalten, das sogenannte „Selbstverständliche" weniger bemerkt wird und Erwähnung findet als das Unerwartete, das von der Norm, auch der Anleiterin abweicht. So fällt auch extrem positiv oder extrem negativ empfundenes Verhalten eher auf. Wenn man das weiß, gelingt es einem vielleicht, das eine oder andere zu objektivieren und seine Aufmerksamkeit bewußter zu gewichten.

● Insgesamt wird der Anleiterin Sensibilität im Erfassen der persönlichen Lerngeschichte der Praktikantin im Zusammenhang mit deren Lebensgeschichte abverlangt. Gelingt es

ihr, über Identifikation mit der Praktikantin sich in deren
Erlebensweise einzufühlen und wieder aus der Identifikation sich zurückzuziehen (Gefahr der Überidentifikation),
entstehen für Sie Fragen an die Praktikantin, die Sie vor un-
überprüften Rückschlüssen und Interpretationen schützen
können.

● Psychisches Geschehen läßt sich nicht unmittelbar beobachten. Erst in dem stets von Gefühlen begleiteten Handeln
kann sie ein anderer bemerken und nachfragen, ob seine
Wahrnehmung zutrifft.

Häufig gehörte Bedenken bei Beurteilungen veranlassen
mich, näher darauf einzugehen, zum Beispiel:

„Wenn ich der Praktikantin die Eignung für dieses Arbeitsfeld nicht
ausspreche, verbaue ich ihr womöglich die Zukunft", oder:
   „Die Praktikantin hält sich selbst für besser als ich sie einschätze;
bin ich da ungerecht, wenn ich auf meiner Einschätzung bestehen
bleibe?" oder:
   „Nach unseren Ansprüchen bekäme sie eine schlechtere Note,
und zwar begründet (sogar mit Selbst-Einsicht der Praktikantin),
aber andere Anleiterinnen, die nicht so anspruchsvoll sind, kreuzen
nur die besten Punkte an. Soll ich mich anpassen?"

In dem Buch „Beobachtungslehre" von Ernst Martin und
Uwe Wawrinowski, erschienen im Juventa Verlag, finde ich
einige von mir erlebte Phänomene zu diesem Komplex sehr
verständlich beschrieben vor. In Anlehnung an diese Auf-
zählung übertrage ich auf Anleitung.

„Der Großzügigkeitsirrtum oder Mildefehler

bezeichnet die Tendenz von Beurteilerinnen, in den meisten
Fällen eine zu gute Beurteilung abzugeben."

● die sich nicht auf ihre Beobachtungen verlassen, sondern
glauben, etwas „Schlechtes" über die Praktikantin zu sagen
und sich dafür rechtfertigen zu müssen.
● die eine Praktikantin, die aufgrund von wenig Selbstbewußtsein nicht so gute Leistungen zeigt, motivieren und ermutigen wollen, indem sie ihr positive Merkmale zuschrei-
ben und negative übersehen.

● die Veränderungsbereitschaft eher durch kritische Bemerkungen zu erreichen glauben und fürchten, mit Anerkennung mißverstanden zu werden, so als würden sie sagen: „Du kannst so bleiben."

● die, weil sie vielleicht sehr/zu selbstkritisch sind, sich nicht den Eindruck einhandeln wollen, mit guten und sehr guten Zuschreibungen jemanden zu bevorzugen und dann eher dazu neigen, lieber etwas schlechter zu beurteilen.

● die deshalb gut bis sehr gut beurteilen, weil ihre Bequemlichkeit sie hindert, sich mit Sorgfalt der Beobachtung und Beurteilung zu widmen.

„Unter logischem Irrtum (...)"

versteht man die Tendenz von Beurteilerinnen, Merkmalen, die sie bei Menschen für (psycho)logisch zusammengehörig ansehen, auch ähnliche Wertungen zuteil werden zu lassen: Danach wären „Dicke immer gemütlich", „leistungsschwache Schüler faul". Solche Beurteilende werden von ihren Vorannahmen festgelegt und legen schnell fest, sie schenken den anderen, individuellen Ausprägungen keine Aufmerksamkeit mehr.

„Der Irrtum des Mittelwertes (...)"

meint die Neigung, niemanden bevorzugen oder benachteiligen zu wollen. Auch wenn die Anleiterin glaubt, die Praktikantin noch viel zu wenig zu kennen und zu wenig Informationen durch Beobachtung gesammelt zu haben, um differenzierte Aussagen machen zu können.

„Einstellungsfehler: Der Begriff Kontrastirrtum (...)"

zeigt auf, daß Beurteilerinnen u.U. vermeiden, Merkmale, die sie an sich selbst beobachten, in der „Persönlichkeitsbeurteilung anderer" zu beschreiben.

Der Begriff „Ähnlichkeitsfehler" weist

darauf hin, daß eine Anleiterin sich so in der Praktikantin
wiederfindet, mit ihr identifiziert, daß sie ihr die bei sich
selbst beobachteten „Motive und Merkmale" zuschreibt.

„Der Fehler der Nähe

meint die Tendenz, Merkmale ähnlich zu beurteilen, wenn
sie (– räumlich –) auf einem Beurteilungsbogen nahe beiein-
ander stehen. Auch wenn Beurteilerinnen *zeitlich* rasch auf-
einanderfolgend Stellung abgeben müssen zu bestimmten
Merkmalen."

„Gefahr der Vereinfachung"

besteht, weil sowieso nicht alle Facetten eines Geschehens
beobachtet werden können. Da die Beurteilung aber ein ab-
gerundetes Bild abgeben soll, die Angaben zwangsläufig
verallgemeinert und vereinfacht werden.

„Der Verallgemeinerungsfehler

meint die Tendenz, von Beobachtungen einzelner Verhaltensweisen überdauernde Merkmale abzuleiten bzw. von
konkret faßbaren Wesenszügen (z.B. Hilfsbereitschaft) auf
umfassendere Persönlichkeitsmerkmale (z.B. Nächstenlie-
be) zu verallgemeinern."

3.6. Zusammenfassung

Die Beurteilung einer Praktikantin kommt durch die zielge-
richtete Beobachtung einer Anleiterin und deren Deutung
des beobachteten Verhaltens zustande. Ihre Deutung ist sowohl von fachlichen Maßstäben, ihrem Wissen und Kennt-
nisstand, als auch von *ihren* Emotionen, Bedürfnissen und
Normen abhängig. Durch beobachtete Fakten und ihrer

Selbstreflexion kann die Anleiterin die Objektivität der Beobachtung anheben und die Subjektivität absenken, wenn auch keinesfalls ausschließen.

Stellt sich die Anleiterin zum Schluß die Frage, welche Ansprüche und Erwartungen hätte ich an die Praktikantin, wenn ich sie mir als zukünftige Kollegin vorstelle?, sollte sie die Antwort darauf der Praktikantin nicht vorenthalten. So persönlich formuliert könnte das noch einmal für die Praktikantin eine richtungsweisende Aussage sein.

Als Gedankenstützen zum Beurteilen biete ich Gegenüberstellungen an, die mir aufgefallen sind.

● **Selbstwahrnehmung – Fremdwahrnehmung**

● **Beobachten**, was tut, was sagt die Praktikantin – **Beurteilen**, was denke ich darüber

Unterscheidung:

Beobachten

Ich richte meine Aufmerksamkeit in meiner *äußeren Welt* auf ganz bestimmte Personen und Vorgänge, die ich mit meinen Sinnen wahrnehme: Gesichtssinn = sehen, Gehörsinn = hören, Geruchssinn = riechen, Geschmackssinn = schmecken, Hautsinne = Tastsinn, Wärmeempfindung, Schmerz, Gleichgewichtssinn.

In meiner *inneren Welt* nehme ich wahr, was ich in meinem Körper spüre, z.B. Hunger, Durst, Schmerz, Verspannung, wie mein Atem geht. Auch meine Gefühle und Empfindungen nehme nur ich wahr.

Die Wiedergabe von Beobachtungen ist eine Beschreibung von Fakten, die, wenn es um Wahrnehmungen der äußeren Welt geht, von anderen ebenso wahrgenommen werden können.

Beurteilen = Deuten/Interpretieren

Hier verbinde ich das Beobachtete mit ganz bestimmten Vorstellungen, die mein Denken produziert. Ich verknüpfe Erinnerungen, Erfahrungen, Wissen, Normen, also in mir Vorhandenes mit dem gegenwärtig Erlebten.

Zur Beurteilung (Deutung/Interpretation) wird die Beobachtung durch das Hinzufügen dessen, was ich mir bei den Beobachtungen denke und zu einer Meinung formuliere. Dabei kommt es natürlicherweise zu individuellen Unterschieden.

- **zufälliges Wahrnehmen – gezieltes Beobachten**

- **protokollierte Beobachtungen** (als Merkhilfe) – **erinnerte Beobachtungen**

- **mündliches Feed-back**/Rückmelden – **schriftliche Beurteilung**

- **Beobachten** aus der Perspektive der **Mithandelnden – Beobachten** aus der Perspektive der **Außenstehenden**

- **Beurteilen pauschaliert – Beurteilen differenziert**

- **Beurteilen nach beobachtetem Handeln** der Praktikantin – **Beurteilen nach den verbalen Mitteilungen** der Praktikantin

- **Beurteilung frei formuliert – Beurteilung nach strukturierter Vorlage**

- **Beurteilung – Zeugnis**

Ausgehend von dem Wunsch mancher Praktikantin, die Beurteilung zur Bewerbung an einer Arbeitsstelle verwenden zu wollen, zeige ich, ohne auf diesen Wunsch einzugehen, Unterschiede zwischen einer Beurteilung und einem Zeugnis auf. Dabei habe ich nicht den Anspruch auf Vollständigkeit.

Unterscheidung:

Beurteilung	**Zeugnis**
Die Beurteilung wird in der Regel von der zur Anleitung beauftragten Fachkraft verantwortet.	Das Zeugnis muß von der Leitung oder dem Träger ausgestellt werden.
Unterschrift der Fachkraft und der Leitung.	Unterschrift der Leitung.
Einer Beurteilung geht ein Gespräch voraus.	Das Zeugnis wird in der Regel ohne die Betreffende über sie verfaßt.
Angaben zur Person und zur beruflichen Qualifikation.	Angaben zur Person und zur beruflichen Qualifikation.
Beschreibung der Praxisstelle und der Aufgaben der Praktikantin.	Beschreibung des Arbeits- und Aufgabengebietes.
Prozeßbeschreibung	Fakten, die den Ist-Stand beschreiben.

Differenzierte Aussagen zur Eignung, Leistung, Fähigkeiten, dazu die Stellungnahme der Anleiterin.

Wertung durch Wortwahl und Attribute.

Persönliche Würdigung in beruflicher Haltung und Einstellung unter Berücksichtigung des Ausbildungsstandes.

Persönliche Würdigung in beruflicher Haltung und Einstellung.

Stärken und Schwächen bzw. Defizite werden erwähnt.

Stärken werden erwähnt, Schwächen dürfen nicht erwähnt werden. Es gibt dazu keine Aussagen.

Die Aussagen beziehen sich auf Lernverhalten und fachliche Entwicklung.

Die Aussagen beziehen sich auf Arbeitsverhalten, Leistung und Verhältnis zu Leitung und Kolleginnen.

Fortbildungsempfehlungen, weitere Lernziele können angezeigt werden.

Andeutungen dürfen nicht gemacht werden; Hinweise dürfen nicht festgeschrieben werden; sie wecken Vermutungen, die der Betreffenden schaden können.

Die Beurteilung ist Vertragsteil zwischen Ausbildungsstätte der Praktikantin und der Praxisstelle und bezieht sich auf ein Lehr-Lernverhältnis.

Auf ein Zeugnis hat jede Person Anspruch bei Beendigung des Arbeitsverhältnisses
a) einfaches Zeugnis
b) auf Verlangen erhält sie ein qualifiziertes Zeugnis.

Mit der Beurteilung erhält ein Dritter, hier die Ausbildungsstätte, Informationen über die beurteilte Person, hier die Praktikantin.

Das Zeugnis erhält die Person, über die es aussagt, selbst ausgehändigt.

Zur Zusammenarbeit
mit den Ausbildungsstätten

1. Empfindungen der Anleiterinnen
gegenüber den Ausbildungsstätten

Es gibt Fakten, die im Anleitungsverlauf mit speziellen Anmerkungen hinreichend beschrieben sind. Es gibt aber auch die eigene Einstellung gegenüber dem, was jetzt bewußt „Schule" genannt ist. Wenn die Ausbildungsstätten jetzt auch mehr mit Erwachsenen, angehenden Erwachsenen befaßt sind, wird ihr Lehren doch wie Lernen in der Schule empfunden. Welche Erfahrungen mit Schule und Lehrkräften prägen denn unsere Einstellung ihr, der Ausbildungsstätte, gegenüber? Es mag einigen von uns passieren, immer wieder in alte Schülergefühle abzugleiten, z.B., wenn die „Schule" so ihre Forderungen – wenn auch legitim – eindeutig und überzeugend vorlegt.

Es kann geschehen, daß sich die Anleiterin gerade durch die Sicherheit der Dozentin der Schule verunsichern läßt. Die schriftlichen Hilfsraster der Ausbildungsstätten werden u.U. als übergestülpt empfunden, weil sich Praxis so nicht organisieren läßt und sie das so auch gar nicht will. Gerade verbal empfinden die Praktikerinnen häufig Unterlegenheit gegenüber den Theoretikerinnen. Die Anleiterin kann den Sinn der Angebote zwar nicht bestreiten, aber trotzdem fühlt sie sich unberücksichtigt und überfordert. Sie ärgert sich über die scheinbare Anmaßung und Machtfülle der Schule. Trotz steigt in ihr hoch, und sie glaubt, kämpfen zu müssen, oder sie bekommt Minderwertigkeitsgefühle und wirft womöglich die Flinte ins Korn. Vielleicht ist ihr auch die Bewertung der Schule in Form von „Lob" ein Anliegen, als seien deren Maßstäbe für sie ausschlaggebend. All das spricht dafür, daß sie in eine frühere Schülerhaltung geglitten ist und diese Gefühle wiederholt.

Es gibt auch Lehrkräfte, Praxisbetreuerinnen, die Anleiterinnen mit ihren Schülerinnen verwechseln und auftreten, als hätten sie ein schulisches Pensum zu verlangen. Das erschwert natürlich ebenso eine partnerschaftliche Zusammenarbeit.

Aber was ist der Anleiterin passiert, daß so ein Rückfall in frühere Erfahrungen geschehen kann?

Maß, Inhalt und Art von Erwartungen, die andere an sie haben und sie selbst an sich stellt, übersteigen im Moment ihr Leistungsvermögen. Das macht es ihr schwer, zu konkretisieren, welche Sache es denn ist, die sie hemmt, oder zu erkennen, worum es im einzelnen geht.

Ohne es jetzt zu beabsichtigen, erinnert sie zu ihrem Schutz Verhaltensmuster, durch die sie sich (als Kind) früher einmal aus solchen, nein, ähnlich scheinenden Situationen geholfen hat. Passiert ist, sie hat ihre gegenwärtige Position verlassen, „vergessen", was sie weiß, was sie gelernt hat, was sie kann, welche Erfahrungen sie besitzt, wer sie als Berufsperson ist.

Und wer ist sie?

Sie ist berufliche Vertragspartnerin der Ausbildungsstätte, und sie ist eine Verpflichtung eingegangen, die sie selbst aufgrund ihrer dienstlichen und fachlichen Stellung mit beeinflussen konnte.

Sie ist nicht als Schülerin von der Qualifikation durch die Ausbildungsstätte abhängig, sondern als Fachkraft von ihrer Selbsteinschätzung und der ihres Arbeitgebers. Sie darf sich dessen bewußt bleiben, daß ihre Existenz in diesem Zusammenhang nicht zur Debatte steht. Anerkennung als Anleiterin erfährt sie unter anderem dadurch, daß Praktikantinnen ihr rückmelden, sie hätten sich ernst genommen gefühlt und Freiheit zum Lernen gehabt. Daß Ausbildungsstätten den Wunsch äußern, wieder eine Praktikantin ihr anvertrauen zu wollen, und auch dadurch, wie ihr in fachlichen Gesprächen mit Praxisbetreuerinnen die Argumente der Praxis abgenommen werden. Sicherheit erfährt sie durch ihre Selbstannahme als Mensch mit Stärken und Schwächen. Auch indem sie sich keinen Druck macht durch zu hohe, unrealistische

Ansprüche an sich selbst. Dann muß sie ihre eigene Unzufriedenheit, Marke „self made", nicht auf andere projizie-
ren[10].

2. *Klärung durch Auseinandersetzung*

Wo im folgenden der Ursprung liegt, weiß ich letztlich
nicht, doch manchmal erscheint der Stellenwert der Praxisbetreuerinnen, der Ausbildungsstätten, der Theorie im Verhältnis zu den Fachkräften in der sozialpädagogischen Einrichtung mit ihrer Praxis überhöht. Ein „Prestige- und
Kompetenzgefälle" (Urs Segässer / TPs 2/80) wird empfunden.

Das spüren auch Praktikantinnen. Sie freuen sich in der
Regel, endlich tun zu dürfen, was sie sich gewünscht haben,
und jetzt diese Abwertung. Gerät eine Praktikantin an eine
Anleiterin, die Unterlegenheitsgefühle der Ausbildungsstätte gegenüber hat, verbündet sie sich u.U. mit der Anleiterin
als der vermeintlich Schwächeren. Eine wenig nützliche So-
lidarität gegen die Ausbildungsstätte und die Praxisbetreuerin entsteht. Es kann auch sein, die Praktikantin gerät in einen Loyalitätskonflikt zwischen den beiden Menschen Anleiterin und Praxisbetreuerin, aber auch zwischen dem, was
die beiden verkörpern, nämlich Theorie und Praxis.

Die Fürsorgepflicht beider für die Praktikantin verlangt
es, sie vor Verwirrung zu schützen. Anleiterin und Praxisbetreuerin sollten – falls sie so ein Gefälle spüren – das als *ihr*
Problem behandeln und miteinander aufarbeiten. Es gibt
Vorschläge für gemeinsame Fortbildungen von Anleiterinnen und Praxisbetreuerinnen, um dem „Prestige- und Kompetenzgefälle" entgegenzuwirken und Verletzungen sowohl
bei den Praktikerinnen als auch bei den Theoretikerinnen zu
vermeiden.

---

[10] Von Projektion wird gesprochen, wenn bei anderen die Gefühle gesehen und
bekämpft werden, die ich bei mir selbst nicht mag bzw. die ich mir nicht zu haben erlaube. Z.B.: Nicht ich lehne jemanden ab, sondern der hat etwas gegen
mich, oder: Nicht ich zweifle an mir, sondern die anderen halten mich für un-
fähig.

Als Vertreterin der Praxis, die Anleitung von Praktikantinnen und die dazu gehörende Kooperation mit den Ausbildungsstätten für unerläßlich hält, ärgerte ich mich über manche Vertreter von Einrichtungen, denen Anleitung kein Anliegen ist. Die Praktikantinnen aufnehmen, mehr, weil diese den Etat nicht so belasten, und weniger, weil sie ihnen als Praxisstelle den zweiten Teil der Ausbildung gewähren wollen.

In solchen Fällen verstehe ich den Ärger und die Enttäuschung von Ausbildungsstätten und deren Praxisbetreuerinnen. Da müssen sie zusehen, wie Praktikantinnen entweder zu Hilfskräften oder zu Gruppenleiterinnen gemacht werden, ohne Rücksicht auf ihre Ausbildungssituation. Den Praktikantinnen bleiben kaum Chance und Zeit, das in der theoretischen Ausbildungsphase Erlernte mit der eigenen Individualität und den Ansprüchen an ihr fachliches Handeln in Übereinstimmung zu bringen. Ausbildungsstätten erfahren dort nicht die Wertschätzung ihrer Basisarbeit. Vielleicht ärgern sie sich auch, sich auf einen Vertragspartner eingelassen zu haben, der sie im Stich läßt.

Selbst wo Anleitung geschieht, kann es, wie bereits erwähnt, da und dort aus verschiedenen Gründen Ärger geben. Daß Ausbildungsstätten daraufhin Konsequenzen ziehen müssen, ist mir klar. Nur trifft mich bzw. diejenigen, die in gutem Einvernehmen mit der Ausbildungsstätte stehen, eine pauschalierte Konsequenz und, wird diese zu einer grundsätzlichen Haltung der Praxis gegenüber, ruft sie zumindest Verwunderung hervor. Sie paßt nicht zu dem sonstigen Stil der Zusammenarbeit.

An einem Beispiel werde ich aufzeigen, was ich meine, und daß es sich lohnt, auch wenn es unangenehm ist, seine Empfindungen und Gedanken dazu mit der Vertreterin der Ausbildungsstätte zu besprechen. Schimpfen, Schlucken, Schweigen nützen keinem, auch nicht, aus welchen Gründen immer, Tabuthemen zu stilisieren.

Ich habe Ausbildungsstätten erlebt, die „ihren" Schülerinnen bzw. Studierenden mit auf den (Praktikums-)Weg gaben, der sog. Jahresbericht sei nur Sache zwischen Schule und Praktikantin und der Anleiterin nicht vorzulegen. Argumentiert wurde den Praxisstellen gegenüber, Praktikantinnen seien in ihrer Offenheit beeinträchtigt, wenn die Anleiterin den Bericht zu sehen bekäme. Gleich folgte beruhigend, daß man einer Praktikantin eben noch viel Subjektivität zugestehen müsse und die Ausbildungsstätte mit möglicherweise

für die Anleiterin oder die Praxisstelle kränkenden Äußerungen vertrauensvoll umginge.

Uns beruhigte das nicht. Wir suchten das Gespräch mit der Praxisbetreuerin. Nach unserer Meinung wurden durch die Ausbildungsstätte von vorneherein für die Beziehungen zwischen Anleiterin – Praktikantin, Anleiterin – Praxisbetreuerin und Praktikantin –
Praxisbetreuerin Weichen gestellt, die Offenheit behinderten.

Der Weg der Praktikantin zur mündigen Fachfrau wurde einge-
schränkt, und die Anleiterin wurde als Partnerin ausgeschlossen.
Sie erhielt nicht die Gelegenheit, fachlich und persönlich Stellung zu
beziehen. Geklärt werden konnte, daß die Praxisbetreuerin, die
Ausbildungsstätte sich aus der Beschützer- und Lehrrolle für die
Praktikantin zurückziehen muß und daß sie gegenüber der Anleiterin weder Beschützer noch Lehrrolle hat. Der Praktikantin werden
Rückmeldungen, auch unangenehmer Art, zugemutet als Anstoß
zur Weiterentwicklung. Weshalb soll das einer Anleiterin und Praxisstelle nicht zugemutet werden?

Die Zusammenarbeit erfordert Anstrengungs-, Gesprächs-
und Konfliktbereitschaft von den Fachleuten in den Praxisstellen und den Fachleuten in den Ausbildungsstätten.

Die Ausbildungsstätten tragen Verantwortung für die Ge-
samtausbildung von Erzieherinnen und Sozialpädagoginnen. Sie bündeln am Ende mit dem Kolloquium theoretische
und praktische Ausbildung. – Zur Ausbildung von Anleiterinnen halte ich sie nicht für verpflichtet.

Die Praxis hat, hier vertreten durch Fachverbände, den
Umfang ihrer Verantwortung übernommen, indem sie eine
Zusatzausbildung für Anleitung fordert und plant. Immer
mehr Seminare für Anleitung stehen in den Fortbildungsan-
geboten. Das Interesse daran bestätigt den Bedarf.

Folgerung aus einer möglichst berufsbegleitenden Zusatzausbildung ist die tarifliche Anhebung. Diese halte ich
dann für gerechtfertigt, wenn tatsächlich angeleitet wird,
und das übrigens nicht erst nach einer zusätzlichen Ausbildung.

Gedankenstriche zum Schluß

„Wer die Sprache des anderen nicht spricht, kann ihm auch nichts sagen."[*]

Eine Personengruppe blieb unerwähnt in dem Beziehungsgeflecht von Anleitung. Menschen, die nicht immer, nicht notwendigerweise und doch öfters im Interesse der Praktikantin mit der Anleiterin in Kontakt treten. Es sind die Eltern der Praktikantinnen.

Mütter erlebte ich vor allem bei Bewerbungsgesprächen. Die einen waren aufmerksame Zuhörerinnen, und andere führten das Wort. Immer kam bei mir die Besorgnis, aber auch die Aufforderung an, daß es dem „Kind" doch gut gehen solle. Immer erhielt ich durch das „Wie und Was" im Gespräch aufschlußreiche Informationen über eine zukünftige Praktikantin.

Väter lernte ich kaum persönlich kennen. Doch hatte ich zwei oder drei Mal unangenehmen telefonischen Kontakt mit Vätern. Manche Praktikantin hatte ihre Beurteilung abgelichtet oder mitgeschrieben, um sie zu Hause zeigen zu können. Prompt danach kam der Anruf eines Vaters. Vehement glaubte er mir die Meinung sagen zu müssen, daß ich wohl von Zeugnisschreiben keine Ahnung hätte. Außerdem hätte seine Tochter mit Sicherheit eine bessere Note verdient, begeistert wie sie vom Praktikum erzählt habe.
Es fiel auf, daß es Väter waren, die beruflich mit Personalangelegenheiten befaßt waren und sicher genau den Code kannten, in dem ganz bestimmte Worte auf eine ganz bestimmte Weise gedeutet werden, der beim Zeugnisschreiben häufig Anwendung findet. Gegen Angriffe dieser Art mußte

---

[*] Aus: „ökosozial denken und handeln" Wolf Rainer Wendt.

und konnte ich mich nur durch kennzeichnende Unterscheidung von Zeugnis und Beurteilung behaupten.

Der Praktikantin war das höchst peinlich. Hatte sie doch selbst an der Beurteilung mitgewirkt. Sie fand sich beschrieben und zutreffend beurteilt. Natürlich wandten wir noch einmal Zeit auf für eine kritische Überprüfung der Beurteilung, und wir blieben dabei.

Wenngleich die ganze Angelegenheit ärgerlich und zeitraubend war, machten wir doch keine Affäre daraus.

Auch unerwähnt blieb der Aspekt: Frauen leiten Männer an und beurteilen sie.

Ein Praktikant (24 Jahre) empörte sich, als er erfuhr, daß er nicht vom Chef, einem Mann, sondern der Anleiterin und mir, der Erziehungsleiterin, also von Frauen beurteilt werden wird.

Die Anleitung durch eine Frau hat er gerade noch geschluckt. Beurteilen ließe er sich nicht von einer Frau; dagegen würde er rechtliche Schritte unternehmen. Auch beabsichtige er nicht, an der üblichen Praktikantenrunde mit mir teilzunehmen. Nun, ich ließ ihm Bedenkzeit und verschob die Klärung bis zum Besuch seines Praxisbetreuers. Wenige Tage nach seinem Praktikumsbeginn lief mir der Praktikant, den Arm um seine Freundin gelegt, in der Stadt über den Weg. Wir nickten uns kurz zu. Mir war nicht wohl, denn ich hatte gerade neue, für mich ungewohnt hohe Schuhe an und lief wie auf Eiern. Am nächsten Tag erschien er dann doch zum Gespräch, und bereits bei der Begrüßung bemerkte er spitz: „Na, gestern waren Sie aber ganz schön verlegen, als wir uns begegneten!" Heute noch schmunzle ich über meine Reaktion. Ich gab ihm nämlich recht und fügte hinzu: „Sehen Sie, das ist eine Stärke von Ihnen, die Sie in dem Beruf brauchen können. Sie beobachten gut und erfassen schnell das Wesentliche." Mit dieser Antwort verblüffte ich ihn so, daß er lachen mußte. Ich auch. Das Eis war gebrochen.

Sein Beurteilungsgespräch war eines von den längeren und für uns alle, die wir beteiligt waren, beeindruckend. Er kam für sich zu dem Ergebnis, daß ein sozialer Beruf nicht sein Weg sei, was er eigentlich schon länger gespürt habe. Er bedankte sich für die hilfreiche Offenheit, in der er sich ganz ernst genommen gefühlt habe und die es ihm ermöglichte, zu sich selbst ehrlich zu sein.

Anhang

*Zur Aufsichtspflicht der Kinderpflegerin und der Praktikantin**

Ist die Aufsichtspflicht verletzt, wenn die Kinderpflegerin oder die Praktikantin mit einer Gruppe allein gelassen wird und dem Kind etwas passiert?

Diese Frage kann nicht einfach mit „Ja" oder „Nein" beantwortet werden. Eines kann aber gleich gesagt werden: Im Prinzip ist die Antwort die gleiche, ob die Kinderpflegerin, die Praktikantin oder die Erzieherin allein mit der Gruppe war, als ein Kind einen Schaden erlitt oder andere geschädigt hat.

Wahrnehmung der Aufsichtspflicht durch Bedienstete des Trägers

Wenn die Eltern ihr Kind in den Kindergarten oder Hort gehen lassen, übertragen sie meist stillschweigend (weil üblich und selbstverständlich) ihre Aufsichtspflicht auf den Träger des Kindergartens oder des Hortes. Dieser läßt seine Aufsichtspflicht als Dienstpflicht wiederum in der Regel stillschweigend von seinen Mitarbeiterinnen wahrnehmen. Der Träger muß die von ihm übernommene Aufsichtspflicht also nicht persönlich erfüllen. Er kann den Mitarbeiterinnen die Erfüllung seiner Aufsichtspflicht übertragen; man sagt auch: seine Aufsichtspflicht delegieren.

---

* Simon Hundmeyer, in: „KiTa aktuell" Nr. 9, 1991.

Bedienstete des Trägers müssen geeignet sein

Der Träger bleibt aber insoweit in der Verantwortung, als er seine Aufsichtspflicht nur an Bedienstete delegieren darf, die geeignet, das heißt in der Lage sind, diese Aufgabe wahrzunehmen. Wer geeignet ist, hängt von seinen persönlichen Fähigkeiten und Erfahrungen ab.

Eignung ist keine schulische Qualifikation

In der Schule werden solche Fähigkeiten und Erfahrungen nicht gelehrt und erworben. Die Eignung für die Aufsichtsführung ist dementsprechend auch nicht von einer Schulausbildung abhängig. (Selbstverständlich werden in der Schulausbildung Kenntnisse erworben und Erfahrungen gesammelt, die den Ausgebildeten befähigen, mit einer Gruppe anders umzugehen und andere pädagogische Mittel einzusetzen, als es Unausgebildeten möglich ist.) Daher kann grundsätzlich auch eine Kinderpflegerin oder Praktikantin mit der Aufsichtsführung betraut werden.

Wenn es zweifelhaft ist, ob die Aufsichtsperson zur Aufsichtsführung geeignet war, wird sich der Träger die Frage gefallen lassen müssen, wie er sich vergewissert hat, daß die aufsichtsführende Person zur Aufsichtsführung geeignet war. Wenn er im Streitfall das Gericht nicht überzeugen kann, muß er selbst für die Aufsichtspflichtverletzung einstehen, vorausgesetzt, daß die Aufsichtspflicht von seiner Bediensteten überhaupt verletzt war.

Anleitungs- und Beobachtungspflicht

Da der Träger nicht von vornherein annehmen kann, daß seine Praktikantin – vor allem eine Vorpraktikantin – oder eine eben von der Schule kommende Kinderpflegerin mit einer Gruppe allein zurechtkommt, muß er sie von seiner Leiterin oder Gruppenleiterin in den ersten Wochen besonders anleiten und beobachten lassen. Hat sich die Leiterin oder Gruppenleiterin vergewissert, daß die Praktikantin oder die

Kinderpflegerin ähnlich wie eine ausgebildete Erzieherin mit der Gruppe zurechtkommt, das heißt, die Aufsichtspflicht erfüllen kann, darf sie genauso wie eine Erzieherin eingesetzt werden. Der oft gehörte Satz: „Praktikantinnen und Kinderpflegerinnen können nicht mit einer Gruppe alleingelassen werden", ist also in dieser Verallgemeinerung falsch. Wahrscheinlich rührt der Irrtum daher, daß es in § 12 Abs. 14 DV BayKiG heißt: Für die Leitung einer Gruppe ist eine pädagogische Fachkraft erforderlich, welche die Aus-

Begleiten des Lernprozesses durch Feed-back

Feed-back	1. Phase: anfangen orientieren
1. Schritt	– Die Praktikantin bestätigen – Die Anleiterin teilt ihre Eindrücke mit – Schriftliche Notizen
2. Schritt	
	gilt weiter
3. Schritt	
	gilt weiter
4. Schritt	
	gilt weiter

bildung zum Sozialpädagogen oder Erzieher nachweist...
Mit dieser Regelung hat der Gesetzgeber aber keine Anforderungen an die Eignung zur Aufsichtsführung geregelt.
Dazu wäre der Landesgesetzgeber auch gar nicht berechtigt
gewesen, weil die Aufsichtspflicht und die Folgen ihrer Ver-
letzung durch Bundesrecht geregelt sind. Vielmehr soll mit
§ 12 Abs. 4. DV BayKiG ein gehobener pädagogischer Stan-
dard erreicht werden. Bezüglich der Eignung der Bediens-
ten zur Aufsichtsführung ist damit nichts gesagt.

2. Phase:	3. Phase:	4. Phase:
üben	Erwerben fachl.	auswerten
ausprobieren	Selbständigkeit	beurteilen
– Die Anleiterin gibt konkrete Hinweise für fachliches Verhalten		
– Sie teilt vorher Beobachtungskriterien mit, auf die sie im Feedback eingehen wird		
– Zwischenbeurteilung		
– Schriftl. Notizen		
	– Anleiterin und Praktikantin legen gemeinsam Beobachungskriterien fest	
gilt weiter	– Die Praktikantin gibt ihrerseits an die Anleiterin Feed-back	
	– Schriftliche Notizen	– sammeln, ordnen
		– beschreiben
gilt weiter	gilt weiter	– bewerten
		– **Beurteilung**

Literaturverzeichnis

Claessens, Dieter: „Rolle und Macht" – Grundfragen der Soziologie. Juventa Verlag.

Flosdorf, Peter / Schuler, Arnulf / Weinschenk, Reinhold: „Anleiten, Befähigen, Beraten im Praxisfeld Heimerziehung". Lambertus Verlag.

Hehlmann: „Wörterbuch der Psychologie". Alfred Kröner Verlag, Stuttgart.

Horney, Karen: „Neue Wege in der Psychoanalyse". Kindler-Taschenbücher.

Huppertz, Norbert: „Supervision" – Analyse eines problematischen Kapitels der Sozialarbeit. Luchterhand.

Krappmann, Lothar: „Soziologische Dimensionen der Identität". Ernst Klett Verlag, Stuttgart.

Martin, Ernst / Wawrinowski, Uwe: „Beobachtungslehre" – Theorie und Praxis reflektierter Beobachtung und Beurteilung – Grundlagentexte Soziale Berufe. Juventa Verlag.

Melzer: „Praxisanleitung und Praxisberatung in der Sozialarbeit". Verlag: Kleinere Schriften des Deutschen Vereins für öffentliche und private Fürsorge.

von Rotenhan, Eleonore: „Das Praktikum". Chr. Kaiser Verlag.

Roth, Jörg Kaspar: „Hilfe für Helfer: Balintgruppen". Zitate von Seite 22 und 23. Serie Piper.

Salzberger-Wittenberg, Iscia: „Die Psychoanalyse in der Sozialarbeit". Ernst Klett Verlag, Stuttgart.

Schwäbisch, Lutz / Siems, Martin: „Anleitung zum sozialen Lernen für Paare, Gruppen und Erzieher". rororo.

Watzlawick, Paul / Beavin, Janet H. / Jackson, Don D.: „Menschliche Kommunikation". Verlag Hans Huber, Bern / Stuttgart / Wien.

Wendt, Wolf Rainer: „ökosozial denken und handeln" – Grundlagen und Anwendungen in der Sozialarbeit. Lambertus Verlag.

Artikel:

Brüggemann, Frauke / Seidel, Ilse: „Praxisanleitung im Kindergarten", in: Kindergarten heute 3/78. Verlag Herder.

Bundesvereinigung Evang. Kindertagesstätten e.V., Fachverband im Diakonischen Werk der EKD: „Beruf: Erziehen" – Positionspapier I und II zur Diskussion: Veränderungen im Berufsfeld und Berufsbild der Erzieherin im Kindertagesstättenbereich in den 90er Jahren.

Ehrhardt-Kramer, Angelika / Hoppe, Jörg Reiner: „Persönlichkeitsförderung als Ausbildungsauftrag" – Hintergründe, Konzepte, Anregungen, Materialien für die sozialpädagogische Praxis, in: MSP 13/1986.

Gehrmann, Gerd / Müller Klaus D.: „Praxisbezug an Fachhochschulen für Sozialarbeit", in: Sozialpädagogik – neue praxis – Zeitschrift für Sozialarbeit, Sozialpädagogik und Sozialpolitik – np 2 + 3 / 85.

Gustorff, Gretel: „Praxisanleitung im Kindergarten", in: Theorie und Praxis der Sozialpädagogik (TPS) März/April 2/80. Luther Verlag, Bielefeld.

Hessisches Sozialministerium: „Erziehen als Beruf" – Die Erzieherin im Berufsfeld Kindertagesstätten, in: Kindertagesstätten 7.

Hoppe, Jörg Reiner / Zern, Hartmut: „Praxisanleitung im Spannungsfeld von sozialpädagogischer Praxis und Ausbildung", mit Beiträgen von Autoren aus der sozialpädagogischen Praxis und der Aus- und Fortbildung. Materialien für die sozialpädagogische Praxis, in: MSP 17/1988.

Hundmeyer, Simon: „Zur Aufsichtspflicht der Kinderpflegerin und der Praktikantin", in: KiTa aktuell 9/91. Carl Link Verlag, Kronach / Bayern.

Hundmeyer, Simon: „Wer hat bei welchem Träger was zu sagen", in: KiTa aktuell 1/92, 4. Jahrgang, Ausgabe Bayern. Carl Link Verlag.

Huppertz, Norbert: „Es gibt Sonne und Schatten". Rolle und Status der Kindergartenleiterin, in: Kindergarten heute 3/89. Verlag Herder.

Küfler, Walter: „Praxisanleitung für Studierende / Studenten sozialpädagogischer Berufe" – Eine Handreichung für Praxisanleitung, in: Christ und Bildung 1/91 und KiTa aktuell 7/8/1990.

Maier, Henry W.: „Der Zufall begünstigt den, der darauf vorbereitet ist" – zum Thema Praktikantenanleitung, in: Unsere Jugend 1987. Ernst Reinhard Verlag, München.

Mesle, K.: „Statements zur Anleitung", in: Studium & Praxis Juli/September 89 – Mitteilungsblätter der Berufsakademie Stuttgart – Staatl. Studienakademie, Ausbildungsbereich Sozialwesen.

Miller, Hans Michael: „Delegation – In welchem Umfang kann und darf ich Aufgaben weiterleiten?", in: KiTa aktuell 6/90. Carl Link Verlag.

Netta, Brigitte: „VorpraktikantInnen als KinderpflegerInnen, BerufspraktikantInnen, ErzieherInnen?" – Argumente einer Erzieherin, in: KiTa aktuell 2. Jahrgang 7/8/1990. Carl Link Verlag.

Schütt, Brunhilde: „Gegenüberstellung Supervision-Anleitung", in: Unsere Jugend 1978/11. Ernst Reinhard Verlag, München.

Schütt, Brunhilde: „Ausführungen zur Anleitung von Praktikantinnen und Praktikanten", in: Unsere Jugend 1990 / Sept. Ernst Reinhard Verlag, München.

„Erzieherausbildung", in: Theorie und Praxis der Sozialpädagogik TPS 4/82. Luther Verlag, Bielefeld.

Witte, Adolf: „Praxisanleitung – Aufgabe des Heimes", in: Pädagogischer Rundbrief 11/12/89.

Erziehungsverband des Diakonischen Werkes Bayern: Modell „Persönlichkeitsbildende Aspekte in der Ausbildung".

Praxisbuch Kindergarten

Für Ausbildung und Beruf

Organisation und Planung

Almuth Künkel
Streßbewältigung im Kindergarten
Wie Sie sich dauerhaft vor Überlastung schützen können
ISBN 3-451-26137-5

Almuth Künkel/Rita Watermann
Management im Kindergarten
Grundlagen für Leitungsaufgaben
ISBN 3-451-23001-1

Brunhilde Schütt
Anleiten im Praktikum
Grundlagen, Situationsanalyse, erprobte Wege
ISBN 3-451-22927-7

Martin R. Textor (Hg.)
Elternarbeit mit neuen Akzenten
Reflexion und Praxis
ISBN 3-451-23002-X

Martin R. Textor
Projektarbeit im Kindergarten
Planung, Durchführung, Nachbereitung
ISBN 3-451-22785-1

HERDER

Im Buchhandel erhältlich!

Praxisbuch Kindergarten

Für Ausbildung und Beruf

Kreativität - Musik - Bewegung

Heike Baum
Kleider, Masken, Rollenspiel
Darstellende Spiele für den Kindergarten
ISBN 3-451-22812-2

Ingeborg Becker-Textor
Kreativität im Kindergarten
Anleitung zur kindgemäßen Intelligenz-
förderung im Kindergarten
ISBN 3-451-21197-1

Waltraud Fink-Klein
Märchen mit Musik und Bewegung
Rhythmisch-musikalische Spielgestaltung
für Kinder von 5-7 Jahren
ISBN 3-451-23531-5

Fink-Klein/Peter-Führe/Reichmann
Rhythmik im Kindergarten
Erlebnisreiche Spielformen mit Musik-Bewegung-Sprache
ISBN 3-451-20127-5

Hermann Große-Jäger
Freude an Musik gewinnen
Erprobte Wege der Musikerziehung im Kindergarten
ISBN 3-451-19326-4

Toncassette **Freude an Musik gewinnen**
ISBN 3-451-20024-4

HERDER

Im Buchhandel erhältlich!